CONVINCE OTHERS

WITH A STORY

不会讲故事，你就别干销售

顾梓悦◎著

廣東旅游出版社
GUANGDONG TRAVEL & TOURISM PRESS
悦读书·悦旅行·悦享人生
中国·广州

图书在版编目（CIP）数据

不会讲故事，你就别干销售 / 顾梓悦著. —广州：广东旅游出版社，2018.10

ISBN 978-7-5570-1494-0

Ⅰ. ①不… Ⅱ. ①顾… Ⅲ. ①销售-方法 Ⅳ. ①F713.3

中国版本图书馆CIP数据核字（2018）第204796号

出 版 人：刘志松
责任编辑：梅哲坤

不会讲故事，你就别干销售
BUHUI JIANG GUSHI, NI JIU BIE GAN XIAOSHOU

广东旅游出版社出版发行
地址：广州市越秀区环市东路338号银政大厦西楼12层
邮编：510060
电话：020-87348243
广东旅游出版社图书网
（网址：www.tourpress.cn）
印刷：北京嘉业印刷厂
（地址：北京市大兴区黄村镇李村）
开本：787毫米×1092毫米 1/16
字数：184千字
印张：14.75
版次：2018年10月第1版
印次：2018年10月第1次印刷
定价：45.00元

目录

06 销售者的五大准则

07 销售就是讲故事

前言

爱听故事是人的天性，一个有好故事的人，更容易被记住；一个有故事的产品，在市场上更有优势，因为人们的心更容易被故事感动。

销售讲故事的目的是什么？当然是希望引起客户的共鸣，最终产生购买行为，任何不以销售签单为导向的讲故事都是瞎忽悠、白忙活。会讲故事不代表你在做销售的时候就能够讲好销售故事，就像我们看到很多人在酒桌上侃侃而谈，而到了演讲的舞台上却一言不发一样，不仅仅因为他们面对公众演讲恐惧，还因为他们缺乏公众演讲的技巧。既然销售讲故事是以销售结果为导向的，那么销售人员在讲故事的过程中需要去除各种与销售场景无关的故事背景和细节。一个高效的销售故事越简单越好，只要短短的几句话，甚至几个词就能够形成一个故事，引起客户的共鸣。

销售讲故事，只要能够在客户的大脑中创造画面感，就是一个好故事，至于故事背景、细节都显得没那么重要。这对于很多人来说并不是一件简单的事情。如果销售故事脱离了上面这两个要素，对于客户来说，还是否有方法能够引起他的兴趣呢？答案是否定的。很多优秀的企业就是通过一两句话讲了一个故事，从而实现了销量的大幅增长。

要谈销售，先卖故事。都说一流的企业做文化，其实，故事也是企业文化的一部分。总结过往和现存的所有优秀企业的经验会发现，曾经历的故事和当下发生的故事，是传承企业文化的良好载体，更是企业通向成功之路的利剑。故事绝对比自己更重要，必须争取到听众的参与和帮助。

美国纽约“成功动机研究”主持人保罗·梅耶在进行大量研究后发现，优秀的销售员都会巧妙地利用人们喜欢听故事的心理去说服客户。讲一些小故事，一来可以活跃一下气氛，二来可以引起客户的反思，三来可以为你的推销带来更强的信赖感。在推销过程中，销售员推销产品的品质是最重要的，在此基础上，必要时适当地讲一些动人的故事去协助推销，可以引起客户和销售员感情上的共鸣，在其共鸣基础上再进行攻心战术，销售的成功率就会高很多。

不管你今天卖任何产品，收集过去客户曾使用你产品的整个过程的资料，包括售前、售中、售后所发生的每个细节，挑出其中能令新客户产生共鸣、激发需要的故事。如果你能讲得栩栩如生，就会对感召客户达成交易具有极大的推动力。当你讲的是别人事情的时候，客户的潜意识就会放松警惕，认为你是在说别人，不是在说他，没必要那么警觉，就会减少抗拒，放下戒备。而一个和客户有一样问题的人，在你这里得到了解决，客户就会相信，你一定也可以帮助他解决相同的问题，增加对你的信任感。

为什么每个人都喜欢听故事？因为人们天生具有好奇心理，猎奇是人们的共性。所以，讲故事更能吸引客户的注意力，获得客户的认同。希望本书能帮助你在销售的路上走得更远！

01

完善自己，做最优秀的销售员

销售是个很有趣的工作，每天都会面临许许多多的挑战，客户说“我考虑考虑、考虑一下”，是我们销售人员经常会听到的一句话。

面对这句话，有的人会非常泄气、非常沮丧，觉得又碰到了一个非常困难的问题；有的人会非常积极、非常自信，觉得又增加了挑战和提升自我的机会。是问题，还是机会？这取决于我们自己的选择和定义。而我们对事件的定义，往往就是我们会得到的结果。

销售也是建立信任的开始，但要短时间内让客户信任我们是一件比较难的事，除非我们本身带有全球知名品牌的光环。所以我们需要把“内功”修炼好，不断提升自己的软实力，对客户的问题做到有问必答，快速反应。

对销售工作的认识

谈起销售，很多人都感觉这是一件很困难的事情，认为销售是一件很麻烦的事情，甚至有些人认为销售就是低声下气、地位不高的工作，这都是对销售的误解。也有一些人不知道销售工作到底该怎么做，怎样去展开。其实，这一切都有章法可循，只要按部就班，一步一步来，大家都能做好销售。

原一平天生个子矮，身高只有1.45米。他曾经为自己身材矮小而苦恼，但后来他想通了，认识到遗传基因是难以改变的，克服矮小的最佳办法就是坦然接受，然后设法将这个缺点转化为优点。

有一次，原一平的上司高木金次对他说："体格魁梧的人，看起来相貌堂堂，在访问时较易获得别人的好感；身材矮小的人，在这方面比较吃亏。你我均属身材矮小的人，我认为必须以表情取胜。"原一平从这番话中获得了很大的启发。从那时起，他就以独特的矮身材，配上他经过苦练的各种幽默表情和幽默语言，在向客户介绍情况时，经常逗得大家哈哈大笑，令客户觉得他可爱可亲。他登门向人家推销人寿保险业务时，经常有以下一些对话：

"你好！我是明治保险的原一平。"

"啊？明治保险公司，你们公司的推销员昨天才来过，我最讨厌保险了，所以他昨天被我拒绝了！"

"是吗？不过，我比昨天那位同事英俊潇洒吧！"原一平一脸正经地说。

"什么？昨天那位仁兄长得瘦瘦高高的，哈哈，比你好看多了。"

“矮个子没坏人，再说辣椒是愈小愈辣哟！俗话不也说，人愈矮，俏姑娘愈爱吗？这话可不是我发明的啊！”

“哈哈，你这人真有意思。”

就这样，原一平与顾客交谈后，双方的隔阂很快就消失了。因为他给人留下了深刻印象，所以生意往往就这样做成了。正因如此，他以出色的幽默推销术连年取得全国最佳的推销业绩，被尊称为“推销之神”。

其实，销售就是把某种商品或者服务转变成货币的过程。而且，销售也可以理解为一种帮助有需求的人得到他所需要的东西的过程。而从事销售工作的人，从交换的过程中得到相应的报酬。

销售是一项报酬率较高的艰难工作，也是一项报酬率较低的轻松工作。销售，说大不大，说小不小。小可做一针一线，大可做跨国集团。但究其本质，无论大小，销售都是相似的。你的工作能力和业务水平决定了你的报酬。你可以成为一个高收入的辛勤工作者，也可以成为一个收入最低的轻松工作者。这一切完全取决于你的工作态度。

第一，作为销售人员，你需要了解市场。那么，你最开始要做的就是市场调研。每一样产品进入市场，销售人员都要对市场进行全面的了解，仔细地去分析、去掌握市场经济规律，这样才能找出最科学的方向和方法，使产品被大众接受。那么我们需要了解哪些信息呢？

（1）产品所投市场的地理位置、风俗习惯。这是至关重要的。去北极卖扇子，这虽然是一个笑话，但是反映了地理的重要性。风俗就更不用说了。中国是个多民族国家，各地都有各地的风俗，投其所好才是销售的捷径。

（2）所投市场的容积率。产品进入市场后，要考虑所投市场的需求，了解市场最大的容积率。

（3）竞争对手的情况。知己知彼才能百战不殆。要充分了解对手的销售模式、销售策略、市场占有率、公司实力等等，要对对手进行全方位的调查了解。

第二，要对自己的能力有所了解，根据市场的容量来确定自己销售的份额。

第三，在销售前，制订好计划和如遇突发情况的备选方案以及后期的售后服务。

第四，与客户沟通，争取最大的市场份额。

第五，进行全方位的服务。客户考察以及售后服务，都要细心，考虑周全。如果在你成功销售第一单后，你不注重后续的关系维护和升华，那就很难再有第二单了。

第六，跟客户打好感情牌。做销售，其实就是做人，就是所谓的先做人、后做事。如果客户不认可你的人（人品），那你就未成功先失败。

要形成稳定、稳固的合作关系，客户会从哪些方面来考核公司呢？从最大的概念上来讲，应该是“门当户对”。这就意味着，不管客户从什么方面来要求公司，客户都会在对自己有清晰的认识的基础上，对合作伙伴做出理性的选择。

考核的方面具体来说，有以下几点：产品、客户、研发、生产和规模。

销售的具体工作，就是在这几方面与客户进行深入彻底的沟通，从而帮助客户做出正确的决策。此外，对于客户的执行层面也需要有相当的理解，关心我们所进行沟通的信息是否能够有效地得到传达、讨论和执行。

第七，努力和同事搞好关系。一个团结、优秀的团队才能一往无前。

有句话叫态度决定成败。销售是结果导向的，一切的结果都基于我们的工作态度、对经销商的态度、对产品的态度、对公司的态度。

没有一个积极向上、主动求变、坦诚面对、容纳百川、反应迅速、执行到位的心态，可能还是会一事无成！以最基本的电话营销来说，就要注意以下几点：

（1）充分准备，事半功倍。在每次通话前要做好充分的准备。恰当的开场白是营销成功的关键，所以在营销前要准备相应的营销脚本。

（2）简单明了，语意清楚。通话过程中要注意做到简单明了，尽量用最短的时间，将营销的业务清晰地表达清楚，引起准客户的兴趣。

（3）语速恰当，语言流畅。语速要恰当，不可太快，这样不但可以让对方听清楚你所说的每一句话，还可以警醒自己，避免出现说错话而没有及时发现的情况。

（4）以听为主，以说为辅。良好的沟通，应该是以听为主，以说为辅，即 70% 的时间倾听，30% 的时间说话。理想的情况是让对方不断地发言，越保持倾听，我们就越有控制权。

（5）以客为尊，巧对抱怨。在电话营销过程中，常常会听到客户对我们的抱怨。那么，如何处理抱怨电话呢？一般情况下，如果客户反映的问题在自己的职权范围内能够解决，那么就立刻为客户解决；如果在自身的职权范围内无法解决问题，就马上向上反映，直至问题得到妥善解决。

今天的互联网正在颠覆着传统的商业模式，着眼于改变信息链接的方式，未来互联网时代的基本商业模式可能有以下形态。

第一个形态是“口”模式。如果通过互联网将我们这个混沌的世界里的每个人、每个物体通过一个节点连接在一起，这个节点就是入口，这种模式就是“口”模式。

第二个形态是“线”模式。产品和入口结合起来，就如一根线，这往往是传统产业和互联网结合的一个主要模式，即传统产品与互联网入口相结合，这种模式我们把它定义为“线”模式。

第三个形态是“台”模式。如果我们通过一个入口卖的不是一个产品，而是一堆产品，像淘宝、京东，那么这就是平台模式，简称“台”模式。

第四个形态是“圈”模式。通过入口，可以演化为“线”模式和“台”模式，形成了强有力的入口后，可以围绕入口的规模用户，再去整合其他的产业、产品，形成基于用户的生态圈模式，简称为“圈”模式。

这几个模式的基本模式是“口”模式，离不开入口。而“口”模式都是基于用户的。

第五个形态是“网”模式。将原来混乱的世界通过互联网连接成一张网，无论是通过一个中心的端口还是没有中心的连接，都会形成一个网，这就是“网”模式。

第六个形态是“大数据”模式。我们能够基于这张网里的信息，进行实时、动态的分析并用于决策，这就是“大数据”模式。

第七个形态是“云计算”模式。如果我们把所有的节点连接起来，节点可以是资源，这就形成了资源池，也可以是端口，这样中间的连接就是管道，这就形成了“云管端”的“云计算”模式。从某种角度讲，银行和淘宝形成了“云计算”模式，但主动权并不是在“云”，而是在“管”。各个银行的钱，是“云”，淘宝通过支付宝和余额宝形成了一个管道，把银行的资金源源不断地吸过来，这样就通过管道来控制整个生态网络了。

总之，销售是个很有趣的工作，每天都会面临许许多多的挑战，客户说“我考虑考虑、考虑一下”，是我们销售人员经常会听到的一句话。面对这句话，有的人会非常泄气、非常沮丧，觉得又碰到了一个非常困难的问题；有的人会非常积极、非常自信，觉得又增加了挑战和提升自我的机会。是问题，还是机会？这取决于我们自己的选择和定义。而我们对事件的定义，往往就是我们会得到的结果。

销售也是建立信任的开始，但要短时间内让客户信任我们是一件比较难的事，除非我们本身带有全球知名品牌的光环。所以我们需要把“内功”修炼好，不断提升自己的软实力，对客户的问题做到有问必答，快速反应。

销售也需要敏锐的洞察力，对市场、对行业、对客户，都要始终保持高度敏锐的嗅觉，抛开外在，分析内在。客户的每一句话、市场的每一格局、行业的每一动向，都要做深入剖析和解读，并形成文字总结。

销售过程会有很多挫折和无奈，我们只有让自己拥有强大的内心、可以征服世界的勇气、顽强的战斗力、持之以恒的耐力、坚定不移的意志力，才有可能生存下来！

销售咨询小法宝——搜索引擎营销

搜索引擎营销是目前最主流的一种营销手段，因其大多数是自然排名，不需要太多花费，所以极其受到中小企业的重视。现在互联网已经普及到千家万户，“有问题问百度”已经成为当今互联网时代的一个代名词，所以基于搜索结果的搜索引擎营销推广无疑是互联网营销体系的重要组成部分。

搜索引擎营销的主要方法包括：搜索引擎优化（Leo）、竞价排名、分类目录、网盟广告、图片营销、网站链接策略、第三方平台推广营销等。个人可以把搜索引擎与自己所建立的网络门户，如博客、微博等相互关联，以增加访问量、知名度和关注度。

目标激发潜能

不管是生活还是工作，做一件事情之前要有一个明确的目标，这才能够极大地提高效率。一个优秀的销售员，必须先有正确的从业动机，这个动机不是为了“求生存”，而是要有强烈的“企图心”，至少对赚钱有相当的欲望，并且有决心去挑战自己，愿意为自己的理想付出努力，而不是“想想而已”。但是，理想很丰满，现实很骨感，绝大多数人的愿望最终都没能实现。

许多人埋头苦干，却不知所为何来，到头来发现成功的阶梯搭错了方向，却为时已晚。因此，我们必须掌握真正的目标，并拟订计划，澄明思想，凝聚继续向前的力量。目标决定人生，有什么样的目标，就有什么样的人生。

你知道如何训练跳蚤吗？这是一件很严肃的事情，因为在你知道怎样去做这件事之前，你无法使自己变得更伟大。

当你训练跳蚤时，你要把它们放在广口瓶中，用透明的盖子盖上。这时跳蚤会跳起来，撞到盖子，而且是一而再再而三地撞到盖子。当你注视它们跳起并撞到盖子的时候，你会注意到一些有趣的事情：跳蚤会继续跳，但是不再跳到足以撞到盖子的高度，然后你拿掉盖子，发现跳蚤虽然继续在跳，但不会跳出广口瓶以外。

理由很简单，它们已经调节了自己跳的高度，而且适应了这种情况，不再改变。不但跳蚤如此，人也一样，有什么样的目标就有什么样的人生。我们周围有许多人都明白自己在人生中应该做些什么事，可就是迟迟拿不出行动来，根本原因是他们欠缺一些能吸引他们的未来目标。若你就是其中之一，那么本章将教你怎么去挖掘从未想到的潜能，进而拿出行动以实现那些从来不敢想的美梦。请各位释放自己的想象力，重新回到孩提时代，大胆表达出心中所想，只要你真的有心，这些梦很快便会成为现实。

同样，一个销售部门如果能明确目标，就能让员工看到希望。令人信服的愿景可以转化成一个有意义的目标，这个目标就是组织存在的理由。目标可以激发员工的热情和忠诚，发掘出他们难以想象的潜能。

1.给员工一个明确的目标

很多情况下，员工的动力来自一个明确的目标，不然员工就会像无头苍蝇一样，事倍功半。任何一个企业，如果员工的行为有了明确的方向，并且把自己的行动与目标不断地加以对照和纠正，那么员工会很清楚地知道自己的推进速度，以期不断缩小与目标的距离。这样的话，员工的行动动机就会加强，他们会克服一切困难去实现自己的目标。

2.有目标就会有动力

目标是一项活动期望达到的最终结果，对结果的描述必须是明确的、有时间限制的，而且是在活动开始之初就设定好的。先有目标，再有行动。

目标的作用是巨大的。

第一，目标能够为行动指明方向。比如你想去北京，就要把车往北京方向开，不能往广东方向开，首先方向要对，否则开得再快也是南辕北辙。

第二，目标能够帮你选择行动的方式。如果要求三天内到北京，可以开私家车；两天内要到，就得坐火车；一天内要到，就必须坐飞机了。

第三，目标能够激发一个人的潜能。姚明打篮球，每次投篮都有目标，因为要投中，所以他反复练习，后来越投越准。而且每场NBA联赛，都有一定的分数要求，否则，就会被NBA淘汰。后来姚明退役后，读了上海交大的硕士班，听说成绩很不理想，原因很简单，能否毕业对于他的前途并不重要，所以他没有一定要考出好成绩的目标。但是如果考不及格就罚款1000万美元，补考再不及格就枪毙，保证姚明能考出优异的成绩。

1984年，在东京国际马拉松邀请赛中，一名叫山田本一的本土运动员出人意料地夺冠了。赛后，有记者问他："为什么你能取得如此惊人的成绩？"山田本一只说了一句话："凭智慧。"10年过后，在他的自传中，人们才知道他所说的"智慧"就是"分解目标"。他是这样写的："每次比赛之前，我都要乘车把比赛的线路仔细地看一遍，并把沿途比较醒目的标志记下来：第一个标志是一家银行，第二个标志是一棵大树，第三个标志是一座红房子……就这样每隔一段做个标志，一直做到赛程的终点。比赛开始后，我就以百米的速度奋力向第一个目标冲去，等到达第一个目标后，我又以同样的速度向第二个目标冲去。40多公里的赛程，就被我分解成这么几个小目标，轻松地跑完了。"

我们再来看看一位销售人员的案例：

美丽是一名销售培训公司的培训顾问，是小明的同事，平均每星期要花上半天的时间做计划，每天要花一个多小时的时间做销售的准备工作，在没有做好计划和准备工作之前，她绝对不会出门去拜访客户或做销售业务。不要以为这是浪费宝贵的时间，正是因为有了完善的计划与准备，她才能保持高额的销售业绩。一次，小明请教美丽：

“美丽姐，您是怎样成为培训行业最顶尖的销售员的？”

“因为我会给自己定下远大的目标，并且有切实可行的实施方案。”美丽回答。

“是什么方案呢？”

“我会将年度的计划和目标细分到每周和每天里。比如说今年定的目标是3840万元，我会把它按12个月分成12等份，这样每个月完成320万元就好了；然后再用星期来分，320万除以4，这下子我就不用做320万元的业绩了，只要每个星期做80万元就行了。”

当设定自己的销售目标时，你应该用务实的、切实可行的方法来进行详细说明，重点是要设定你能在一年里切实达到的现实目标。同时要提防盲目夸大、空洞无物的目标。只有在制定长远的规划和决策时，超级宏大的目标才有意义，但这并不适合具体的目标设定。

3.管理人员应该怎样激发销售人员的潜力

“销售是企业的龙头”是市场经济下企业家的共识。我们常说，客户是企业的上帝，而销售人员就是将上帝请回来并要上帝掏腰包的人。对销售人员进行激励的目的就是激发他们为企业请来更多的上帝、回收更多的资金，从而实现企业的最终目的——利润最大化。对于销售人员的激励要考虑营销工作的具体特点，根据销售人员所面对的客户情况、市场情况、竞争对手情况和社会环境现状，结合销售人员自身的特点，对其潜能进行开发和引导，达到人力资源效用的最大化。

对销售人员的激励主要有以下几种方式。

薪酬激励。要激励销售战线的员工，必须通过合理的薪酬来激发他们工作的积极性。尽管薪酬不是激励员工的唯一手段，也不是最好的方法，但却是一个非常重要、最易被运用的方法，毕竟追求生活的品质是人的本能。

目标激励。对于销售人员来讲，由于工作地域的分散性，进行直接管理难度很大，公司可以将其分解的指标作为目标，进而授权，充分发挥其主观能动性和创造性，达到激励的目的。

精神激励。销售人员常年在外奔波，压力很大，通过精神激励，可以使其压力得到释放，有利于取得更好的业绩，比如在企业的销售人员中开展营销状元的竞赛评比活动。精神激励，目的就是给“发动机”不断加油，使其加速转动。

情感激励。利益支配的行动是理性的。理性只能使人产生行动，而情感则能使人拼命工作。对于销售人员的情感激励就是关注他们的情感需要、关心他们的家庭、关心他们的感受，把对销售人员的情感直接与他们的生理和心理有机地联系起来，使其情绪始终保持在稳定的愉悦中，促进销售的高水准成效。

民主激励。实行民主化管理，让销售人员参与营销目标、顾客策略、竞争方式、销售价格等政策的制定；经常向他们传递工厂的生产信息、原材料供求与价格信息、新产品开发信息等；公司高层定期走下去、敞开心扉聆听一线销售人员的意见与建议，感受市场脉搏；向销售人员介绍公司的发展战略……这都是民主激励的方法。

销售咨询小法宝——即时通讯营销

即时通讯营销是互联网营销最普遍的形式之一，常见的即时通讯工具有QQ、微信等。企业用户通过即时通讯工具与用户及时互动，此外还可以发布一些企业信息和产品信息，让更多消费者认识、了解。

随机应变的能力不可忽视

销售人员面对的客户是多种多样的，在销售过程中也会随时遇到预料之外的问题，如何成功地解决这些问题很大程度上决定了生意的成败。因此，随机应变的能力应该是销售人员的基本功。

1. 销售人员随机应变能力的重要性

与顾客沟通的过程中，随机应变的能力真的太重要了。头脑反应的快慢、说话够不够机敏都会直接影响到谈判的结果。尤其是在销售过程中，各种情况都会随时出现，这就需要销售员一方面具备良好的心理素质，另一方面更要有临场应对的能力。

其实不单单只是销售员需要具备这方面的能力，每个人都应该具备这方面的能力，这样才能更好地在职场中生存，更好地与顾客打交道。应变能力强的人在遇到困境时，能够自圆其说，及时补救。给大家说个有趣的例子。在一家超市，一位顾客选购了半根莴苣，收银的小伙子告诉顾客，只能买一根，半根是卖不了的。但是顾客坚持要求就买半根，双方争执了半天。小伙子表示得请示管理人员，于是走进办公室跟管理人员说："外边有个傻瓜坚持只买半根莴苣。"说完这句话后，发现顾客就在背后，小伙子忙说："幸好这位女士要买另外半根，不知道能不能卖？"如果这位收银员没有应变能力的话，自己肯定特尴尬。

销售员需要敏锐的洞察力，不仅需要听话听音，还要通过观察客户的肢体语言，洞察客户细微的心理变化，体会客户套话背后的本质需要，分辨真实意图，抓住签单成交的最佳时机。而且，因为销售人员活跃在市场的一线，有着敏锐的市场感觉，对各种市场信息先知先觉，所以他们应该及时收集市场的信息，并进行缜密的分析，及时上报反馈给上级管理人员，以利于公司营销管理层及时决策，趋利避害。

2.如何提高自己的应变能力

其一，要提升自己的阅历、知识。往往那些知识丰富、阅历丰富的人面对突发状况时反应更加敏捷。做销售不一定哪方面的知识都得特别熟悉，只需掌握一些公共性的知识，这样可以避免与顾客交流时反应迟钝的情况发生。还有一个重点就是当遇到突发状况时，自己首先要冷静，尤其面对顾客，最起码给顾客留下你特别沉稳的印象。做销售，在与顾客沟通之前，一定要把可能会发生的事提前想到，这样可以有效地避免更多突发事件的发生。

其二，销售人员要想提高自己的应变能力，就要先锻炼自己的逻辑思维能力，只有提高了自己的逻辑思维能力，才能使自己在语言方面做到表达精准、判断准确。那么如何提高逻辑思维能力呢？

（1）一定要先理清自己的思路，然后再去表达自己。

（2）常做笔记。当无法将自己的问题阐述清楚时，一定要列个底稿，这样才不至于使自己的思路跑偏。

（3）经常反问自己，为什么会出现这样的问题？顾客为什么老是嫌产品价格贵？真的是因为价格问题吗？

（4）多用数据说话。有时销售员讲了很多，但是顾客却不认同，那么这时拿出数据更能让顾客心服口服。

其三，作为销售员，要勤于观察顾客，在顾客不经意间，销售员要对顾客进行几分钟的观察。比如说，这个顾客的长相、衣服颜色、发型、着装、说话习惯、行为举止、顾客身上所戴的物件等等。销售员如果能够从这几方面进行细致的观察，就能够做出准确的判断，说出最适合顾客的话，讨得顾客的欢心，为成交奠定良好基础。

3. 销售的误区

（1）急于介绍产品。

我们经常能看到销售人员向客户大力吹捧自己产品的特征和优点，而不管这个人是否对采购决策有影响。客户组织内不同职能部门的人，其关注的采购关键因素是不同的。财务部门最关心的是价格，使用部门则关心使用是否方便，而运维部门最关心的是运行的稳定性、故障率和售后服务。

所以，一个万能版的产品介绍很难打动客户的心。多提问，则可以极大地改善介绍的针对性和效果。真正有必要介绍产品的时间应该不超过 5 分钟，只有在客户感觉有必要深入了解时才可详细说明。

（2）不能真正倾听。

销售新手常错将客户的沉默当作接受而滔滔不绝，然而过多的陈述容易引起客户的反感。而且，不了解客户诉求，你说得再好也是无用的。据统计，一个成功的销售过程中，客户开口的时间应该是销售人员的两倍。因为这样比较容易形成良好的交流氛围，并有助于销售人员挖掘客户的需求。

（3）没有预算的概念。

预算的概念应该从两方面来认识：一是对客户采购资金的了解和评估；二是对自己市场开拓费用方面的计算和控制。搞清客户的预算情况是销售人员需要取得的最重要信息之一。而优秀的销售人员更是切入到客户的预算决策流程之中，引导客户安排预算，甚至在必要的时候临时增加或重新安排预算。

所以，通过长时间积累客户资料，了解客户的每一点信息，全面分析之后再去行动，是非常有必要的。

（4）没有下一步的行动安排。

销售人员，特别是新手，往往容易将销售活动隔离开来，缺乏连贯性的考虑。其实，每一次拜访时，销售人员都应设法为下一次见面进行铺垫，设计再次见面的理由。比如，下次带样机过来给客户看、带工程师过来解答技术问题等。

这些安排，如果能与客户事先沟通，可以减少很多不必要的麻烦，提高销售效率。

（5）过早涉及价格。

过早地涉及价格对于最终达成有利益的销售是有害的，这会丧失销售中的主动。要知道买卖双方在交易过程中不断试探对方的价格底线是从古至今的商道。同时，任何产品都不可能百分之百满足客户的需求，并且肯定存在缺陷，这些都会变成客户要求降价的理由，而过早言明的价格无疑会使客户有的放矢。

所以，报价的最佳时机是在充分沟通后，即将达成交易之前。这样，一旦报价就可以直接转入签约，减少了讨价还价的因素和时间。而且，在前期的沟通中，客户需求都明确了，产品的优点和缺陷都了解了，这时候这些因素就不再成为降价的合理理由。

（6）客户总是对的。

“客户是上帝”是口号，不是商业活动的实质。因为，在很多时候，客户是无知的，或者是无理的，他们的要求是无法全部满足的。如果一味听客户摆布，不但使自己处于完全被动的状态，而且不能得到客户的尊重。一呼即应的是仆人，而不会是平等的合作者。在决定是否遵从客户的要求时，要区别对待，弄清楚到底是基于一个真正的“需求”还是一个随意性的“需要”。

销售人员应该关注客户的长期目标，而非短期的需要；应该关注客户稳定的核心需求，而非随机的临时需要；应该关注能够满足的需求，而非无法满足或满足起来不经济的需要。以此为基础，才能合理对待客户的要求。

以上六点总结起来，就是要在充分了解客户的基础上，掌握好销售的节奏，将推销变为服务，从根本上改变“卖东西”的思维模式。要学会利用客户信息，计划好自己的销售“日程”，相信会有一个不错的结果。

销售咨询小法宝——聊天群组营销

聊天群组营销是即时通讯工具的延伸，是利用各种即时聊天软件中的群功能展开的营销，目前的群有QQ群、旺旺群、新浪聊天吧、微信群等。

聊天群组营销借用即时通讯工具成本低、即时效果和互动效果强的特点，广为公司和营销员采用。它是通过发布一些文字、图片、计划书等方式传播公司品牌、产品和服务的信息，从而让目标客户更加深刻地了解企业的产品和服务，最终达到宣传公司的品牌、产品和服务的目的，是加深市场认知度的网络营销活动。营销员可以直接建立自己营销的QQ群等，来销售自己公司的产品。

诚信是销售之本

诚信的基本内涵包括“诚”和“信”两个方面。“诚”主要是讲诚实、诚恳；“信”主要是指讲信用、信任。诚信要求企业在市场中的一切活动要遵纪守法、诚实守信、诚恳待人、以信取人。

诚信营销就是指企业将诚信原则贯彻到营销活动的各个环节中，在整个营销过程中顾及社会、企业、消费者以及内部员工的利益，诚实守信，注重长远。诚信营销主要有两层含义，一是企业和消费者应始终坚持信息对称原则，保证营销活动的公开、公平和公正，没有欺诈等行为的发生；二是企业营销行为应遵守国家法规，符合社会道德规范，不能违背社会公德等。我们来看一个小故事。

话说梁山好汉被招安之后，各凭一技之长，当官的当官，为民的为民，日子过得都挺滋润。这朱贵在梁山时便是开酒店的，回来之后，便思忖着重操旧业。开店，钱不是问题，散伙时分发的银两足够了，重要的是如何才能有客户。以前寨子里就他一家，属于“托拉斯”，可现在市场经济条件下，问题就难办了。朱贵于是拔开了腿，先去问了一下开酒店经验最足的孙二娘。二娘凤眉一挑，凑到朱贵耳边，吐出了一个字：“奸！”朱贵沉思一番，若有所思地点了点头。朱贵又去请教经常出入于酒店的鲁智深。这“花和尚”一听，大大咧咧地说：“洒家实话和你说，这店啊，就要人靓酒香，没别的。”

而后，朱贵又去找了几个兄弟，“建议”撸了一箩筐。

酒店开起来了。大楼是五星级的，厨子是皇宫里的，服务小姐也是个个粉面桃花。不过这价也高得吓人：宫廷玉液酒，188 一杯；皇都拉面，消费 999。

开业第一天，收入一万八，形势喜人。

开业第二天，有所下降，勉强过得去。

第三天，入不敷出。不急，现在是“熊市”，有待反弹。

可日子一天天过去，这酒店的形势就是不见好转，愁得朱贵“人憔悴”，瘦得裤腰都大了一圈，可思来想去，还是不知到底出了什么差错。

一日，卢俊义来了。这“玉麒麟”以前是个大员外，对吃自然有研究。朱贵赶紧吩咐上菜。才吃了几口，卢员外即皱起了眉头，环顾冷冷清清的饭店，心中已明白了七八分，便对朱贵说：“今日未带银两，不如送你几个字吧！”朱贵心中小算盘噼里啪啦一拨，权当是花钱请人题字吧。卢俊义操起浓墨大笔，手腕略抖，八个遒劲有力的大字便跃然纸上：货真价实，诚信为本。那晚朱贵失眠了。

一个月后，“诚信小吃店”开张了。楼房不是五星级的，但是很干净；没有小姐，有的是下岗妇女；厨子不是御厨，但味儿实在，分量充足。店主还是朱贵。听说生意挺红火……

销售人员的诚信包括三个方面的内容：

首先，是对自己产品的诚信。我们要充分了解自己的产品，并坚信它经过我们的推销，一定能给客人带来经济利益，这样去开展工作就会精神饱满、信心百倍，所取得的效果也会事半功倍。

其次，是对企业的诚信。我们所从事的事业并不仅仅是个人的事业，在我们的后面有一个强大的企业作为后盾，而企业的运作要靠大家的努力。所以销售人员必须为企业的利益着想，不能诋毁企业，要注重个人言行举止，时时维护企业的形象。

最后，是对客户的诚信。对客户的诚信是销售人员最基本的素质。销售事业是销售人员与客户的沟通谈判的过程，通过与客户的沟通取得客户的信任，进而使客户订购产品甚至帮助营销员推销产品。对客户的诚信主要表现在不能用低劣的产品来欺骗客户，不能恣意夸大产品的性能等。

我们来看一个案例：

一个星期五的下午两点钟，德国一位经销商史密斯先生打来电话，要求海尔两天之内发货，否则订单自动失效。要满足客户的要求，意味着当天下午货物就要装船，而海关等部门五点下班，因此时间只剩下三个小时。按照一般的程序，货物当天装船根本无法实现。

海尔员工的销售理念是：订单就是命令单，保证完成任务，海尔人决不能对市场说不。于是，几分钟后，船运、备货、报关等工作同时展开，确保货物能按客户的要求送达。一分钟、两分钟、十分钟……时间在一分一秒地逝去，空气似乎也变得凝固起来。执行这项任务的海尔员工全都行色匆匆，全身心地投入到与时间的赛跑中。当天下午五点半，海尔员工向史密斯先生发出了“货物发出”的消息。史密斯了解到海尔发货的经过后，十分感动，他发来一封感谢信说：“我从事家电销售十几年，从没给厂家写过感谢信，可是对海尔，我不得不这么做！”因为海尔的企业目标是：对社会真诚到永远。

相反，如果一个企业为了追求最大的利润，弄虚作假，即使一时兴盛，也不会长久，三鹿集团、安然公司、高田公司等企业就是一个个血淋淋的教训。曾经叱咤风云的行业巨头由于失去诚信最终倒下，被社会淘汰。据有关方面统计，每年我国企业因为诚信缺失，造成的经济损失超过了6000亿元，而轻视诚信的企业也因此付出惨重的代价，甚至倒闭，对整个社会经济发展产生了严重的影响。前车之覆，后车之鉴，企业只有恪守诚信，才能越走越远。

诚信是一个企业的精神支持，是企业生存和发展的根本，讲信誉、以诚信为本，才能创造良好的企业信誉，从而赢得社会的认可，得到客户的信赖，在激烈的竞争中永远立于不败之地。

总之，在市场经济不太发达的中国，诚信是一种稀缺资源，所以能建立诚信口碑的企业有很大的生存、发展空间。希望从事销售这一行的人把诚信作为我们的行为准则，为我们服务的企业和自己取得更多的利益！

销售咨询小法宝——病毒式营销

病毒式营销是企业最希望能够用到的一种互联网营销方式。因其能够在短时间内迅速将信息蔓延出去，形成一种强大的磁场，让信息沸腾，让企业成名，从而被众多企业喜欢。病毒式营销所利用的是用户的口碑传播，正所谓有口皆碑，这种口口相传的模式基本上是用户自主传播的，几乎不需要费用。

很多品牌也会利用转发产品信息，即可获得礼品或者抽奖机会的方式，以达到让更多人了解和关注产品的目的。比如2008年北京奥运会期间，可口可乐公司推出了火炬在线传递活动，这个活动堪称经典的病毒式营销案例。如果你争取到了火炬在线传递的资格，将获得“火炬大使”的称号，头像处将出现一枚未点亮的图标，之后就可以向你的一个好友发送邀请了。

网络销售技术

作为一个销售人员，具有基本的技术素养是很必要的。在和客户谈话的过程中体现出自己的技术能力，不但可以提升本公司的形象，还能使客户更好地接受你。当然，如果你还能解决客户的实际困难，那是最好的了。比如说，当客户在使用你们的设备或软件的时候，在实际运用中遇到了问题，如果你可以当场帮客户解决，客户对你的信任程度会大大加深。所以，销售人员在条件许可的情况下，应该了解本公司产品在实际中的常用配置或使用方法。

当今，网络营销如火如荼，所有的企业都在做网络营销，但对于一个网络营销工作者来说，你的能力高低直接决定了你的营销效果。那么，作为一个专业的网络营销工作者，我们应该具备哪些网络营销技术呢?

（1）网络使用能力：熟悉互联网使用，熟悉博客、论坛、邮件、视频、QQ、微信、自媒体等网络事物使用，这是最起码的网络营销技术。

（2）资源利用能力：学会搜集、利用如搜索引擎、行业门户、博客、各类自媒体、素材网站等各类网站的资源。

（3）网页制作能力：了解网站的整体架构，熟悉构建网站的各项元素。

了解构建网站的HTML、ASP、PHP、Java等编程语言，以及目前最流行的HTM5 响应式网页设计。网络营销人员对网页设计应该有初步的认识，最起码对网页设计的基本原则和方法有所了解，如果是想要做好SEO，就必须要精通HTML语言。只有懂得以上技术，才能知道策划的方案是否合理，以及是否可以实现。最起码我们要学会使用现成的CMS系统构建自己的网站，这属于比较专业的网络营销技术了。如果不懂得这门网络营销技术，你的网络营销也是可以进行的，但可能效果会差些。

（4）SEO网页优化技术：网络营销是通过一个个的网页进行营销推广活动的，所以，每个网页的排名是极为重要的，这就需要专业的SEO技术。如果用户在搜索相关结果时，我们相应的推广页面不能得到良好的排名，那么营销结果会大打折扣，并且，搜索引擎是每个网站都具备的功能，所以，专业的SEO技术是必备的功底，也是网络营销工作者必须精通的网络营销技术。

（5）文字表达能力：如何在网络上把产品表达清楚，是网络营销人员需具备的基本能力！而这份能力不是与生俱来的，我们只有通过不断地训练，才能写好网络营销的文案。

（6）网络参与和网络交流能力：网络营销的最主要任务是利用互联网的手段促成营销信息的有效传播，而交流本身是一种有效的信息传播方式，如论坛、博客、专栏文章、邮件列表等都需要直接参与。网络营销人员要具备在网上同客户交流的能力，包括产品的询问、价格的咨询、促成客户下单的基本的网络交流能力，每位网络营销工作者都要对所营销的产品的所有属性了如指掌，这样才能更好地做好网络营销。

（7）学习思考能力：网络发展迅猛，营销手段推陈出新，要不断学习，学习别人的经验，学习别人的创意。

学会思考，如何将这些方法和手段运用到自己的产品上。并且，网络营销的新技术是层出不穷的，我们只有边实战边不断吸收新的网络营销知识，才能让我们的营销充满活力，同时也会让我们的网络营销技术炉火纯青。

（8）综合运用能力：所有的网络营销都是各种网络营销手段的整合使用，要学会利用各种网络手段相互配合进行推广。一个好的推广营销方案，从策划、制订、实施，到跟踪，都需要全程参与和监控，这就需要营销人员具备综合素质，才能使营销方案在网络上产生最大的营销效果。

网络营销，千万不要以为在网络上发发帖子就是在做网络营销了，我们要深入学习研究多种专业网络营销技术才能够做到专业的网络营销，专业的网络营销工作会取得事半功倍的效果。

计算机销售最常见的方式就是由庞大的分销商进行转销。这种方式似乎坚不可摧，也确实令许多计算机制造厂商的直销屡屡受挫，因为广大消费者似乎已经认同了这种销售模式。而戴尔却抗拒了这种潮流，决定通过网络直销PC机，并接受直接订货，精彩地演绎了业界经典直销故事。

一、戴尔公司的核心概念

在戴尔刚刚接触电脑的时候，他用自己卖报纸存的钱买了一个硬盘驱动器，用它架设了一个BBS，与其他对电脑感兴趣的人交换信息。在和别人比较关于个人电脑的资料时，他突然发现电脑的售价和利润空间没什么规律。当时一部IBM的个人电脑，在店里的售价一般是3000美元，但它的零部件很可能六七百美元就买得到，而且还不是IBM的技术。他觉得这种现象不太合理。另外，经营电脑商店的人竟然对电脑没什么概念，这也说不过去。大部分店主以前卖过音响或汽车，觉得电脑是一个“可以大捞一把”的时尚，所以也跑来卖电脑。光是在休斯敦地区就忽然冒出上百家电脑商店，这些经销商以2000美元的成本买进一部IBM个人电脑，然后以3000美元卖出，赚取1000美元的利润。同时，他们只提供给顾客极少的支持性服务，有些甚至没有售后服务。但是因为大家真的都想买电脑，所以这些店家还是大赚了一把。

意识到这一点后，戴尔开始买进一些和IBM机器里的零件一模一样的零部件，把他的电脑升级之后再卖给认识的人。他说："我知道如果我的销量再多一些，就可以和那些电脑商店竞争，而且不只是价格上的竞争，更是品质上的竞争。"同时他意识到经营电脑"商机无限"。于是，他开始投身于电脑事业，在离开家进大学那天，他开着用卖报纸赚来的钱买的汽车去学校，后座载着3部电脑。

在学校期间，他的宿舍经常会有一些律师和医生等专业人士进出，他们把自己的电脑拿来请戴尔组装，或是把升级过的电脑带回家去。他还经常用比别人低得多的价格来销售功能更强的电脑，并多次赢得了得克萨斯州政府的竞标。他说："很多事情我都不知道，但有一件事我很清楚，那就是我真的很想做出比IBM更好的电脑，并且凭借直接销售为顾客提供更好的价值及服务，成为这一行的佼佼者。"

他从一个简单的问题来开展他的事业，那就是：如何改进购买电脑的过程？答案是：把电脑直接销售到使用者手上，去掉零售商的利润剥削，把这些省下来的钱回馈给消费者。这种"消除中间人，以更有效率的方式来提供电脑"的原则，就是戴尔电脑公司诞生的核心概念。

二、直销模式的开始

1988年，戴尔公司股票公开上市发行，"直销模式"正式宣告开始。

从一开始，他们的设计、制造和销售的整个过程，就以聆听顾客意见、反映顾客问题、满足顾客所需为宗旨。他们所建立的直接关系，从电话拜访开始，接着是面对面的互动，现在则借助于网络沟通。这些做法让他们可以得到顾客的反馈，及时获知人们对于产品、服务和市场上其他产品的建议，并知道他们希望公司开发什么样的产品。

直销模式使戴尔公司能够提供最有价值的技术解决方案：强大而丰富的系统配置，无与伦比的性能价格比。这也使戴尔公司能以富于竞争力的价格推出最新的相关技术。戴尔在他的回忆录中这样描述了直销模式的好处，他说：

“其他公司在接到订单之前已经完成产品的制造，所以他们必须猜测顾客想要什么样的产品。但在他们埋头苦猜的同时，我们早有了答案，因为我们的顾客在我们组装产品之前，就表达了他们的需求。

“其他公司必须预估何种配置最受欢迎，但我们的顾客直接告诉我们，他们要的是一个软盘驱动器还是两个，或是一个软驱加一个硬驱，我们完全为他们定做。”

与传统的间接模式相比，直接模式真正发挥了生产力的优势。因为间接模式必须有两个销售过程：一是从制造商向经销商，另一则是从经销商向顾客。而在直接模式中，只有一级销售人员，并得以把重心完全摆在顾客身上。在这点上，戴尔公司并没有以一种方式面对顾客，他们把顾客群进行细分，一部分人专门针对大企业进行销售，而其他人则分别负责联邦政府、州政府、教育机构、小公司和一般消费者。这样的架构对于销售大有好处，许多销售人员因此成为专才。他们不必一一搞懂多家不同制造商所生产的不同产品的全部细节，也不必记住每一种形态的顾客在产品上的所有偏好，而在处理自己客户的问题时则成了行家里手，这使得戴尔公司与客户之间合作的整体经验更为完善。

同时，按单订制的直销模式使戴尔公司真正实现了“零库存、高周转”。正如戴尔所说：“人们只把目光停留在戴尔公司的直销模式上，并把这看作是戴尔公司与众不同的地方。但是直销只不过是最后阶段的一种手段。我们真正努力的方向是追求零库存运行模式。”

由于戴尔公司按单定制，它的库存一年可周转 15 次。相比之下，其他依靠分销商和转销商进行销售的竞争对手，其周转次数还不到戴尔公司的一半。对此，波士顿著名产业分析家J·威廉·格利说：“对于零部件成本每年下降 15% 以上的产业，这种快速的周转意味着总利润可以多出 1.8% 到 3.3%。”

评点：

在过去10年里，许多计算机制造厂商都想绕过零售商而进行直接销售，但大多以失利告终，而戴尔的直销却获得了成功，因此我们来分析一下他的营销模式有何特点。

1.直接同顾客联系。整个设计、制造和销售过程都以聆听顾客意见、反映顾客需求为出发点。

2.利用最流行的网络进行直销，使顾客的购买更加方便快捷，因而销售的效率也大大提高。

3.价格优势也是直销最具竞争力的因素之一。相对于增值转销而言，由于绕过了零售商，价格较为低廉，因而真正发挥了生产力的优势。

销售咨询小法宝——BBS营销

BBS营销又称论坛营销，大型的社交论坛、地方论坛或游戏论坛，每天都有几百人在线，拥有强大的用户群体，这种“人流量”极大的论坛是最适合做互联网营销的平台。

论坛就是利用论坛这种网络交流平台，通过专业人才的策划，再通过富有创意的文字、图片、视频等方式进行有策略的落地执行发布，来推广自己企业的品牌、产品和服务，让目标客户更加深刻地了解企业，最终达到自主传播企业的效果，从而提升企业的品牌知名度，进而带来企业网站的高访问量，带动企业产品的销售。

02

讲述商品故事，开启客户心门

爱听故事是人的天性，人从在妈妈怀抱里起就有这个习性，几乎人人都爱听故事，故事的力量，远比你我想象的大，所以销售一定要会讲故事。

一个小故事胜过长篇大论，以实际案例来说服客户，好过讲一大堆道理。由此可见，销售人员在推销的时候要随时准备几个简短的案例故事，可以大大加强销售时的生动性和说服力。

说服，是沟通的艺术，也是谈判时最重要的技巧。对于销售人员而言，“说服”是他们的秘密武器，也是帮助他们拿下客户、赢得业绩的必备技能。但是除了口才，提高自己的被关注度也能在很大程度上帮助大家提高出单率。

销售人员必须对所售产品了解透彻

知己知彼，百战不殆。意为如果对敌我双方的情况都能了解透彻，打起仗来就不会有危险。语出《孙子兵法·谋攻篇》：“知彼知己，百战不殆；不知彼而知己，一胜一负；不知彼，不知己，每战必殆。”

销售终端，简单来说，就包含三个元素：产品、卖场、人。据资料显示，大多数消费品公司在销售人员队伍的成本投入占其销售额的7%，更有20%交易和促销方面的开支是被销售部门用掉的。足见销售人员与销售部门在公司里的重要地位。那么作为销售员，需要了解什么内容，需要具备什么样的能力呢？

1. 了解公司

公司的形象、规模、实力、行业地位、声誉都会使顾客产生联想，从而影响顾客对产品的信任。销售人员了解公司情况，既可以使说服顾客的工作更容易，也可以产生对公司的荣誉感、自豪感，从而增加销售信心。销售人员要了解的内容包括：公司的历史（发展历史）、现状（规模实力）、未来（发展前景和规划）、形象（经营理念、行业地位、荣誉、权威机构的评价）和公司管理层（经历、荣誉）等。

2. 了解产品

大部分公司销售人员对自己所销售的产品漫不经心，那么这些销售人员在客户面前能说什么呢？除了“你好！我是某某公司的，我们的产品非常好，服务也很好”以外，可能也只能说“我们的价格也很便宜”了，做渠道的销售人员还可能会加上一句“我跟客户的关系好”。

其实一个好的销售人员，关系和知识两手都要抓，两手都要硬，缺了任何一手都会对销售的成功产生影响。一个合格的销售人员，必须用对这个行业和对所销售产品和技术的深刻了解来武装自己。

了解产品知识就是一种推销能力。产品技术含量越高，产品知识在销售中的重要性就越大。而销售员要成为“产品专家”，因为顾客喜欢从专家那里买东西。销售人员掌握产品知识的途径有：

◇听——听专业人员介绍产品知识；

◇看——亲自观察产品；

◇用——亲自使用产品；

◇问——对疑问要找到答案；

◇感受——仔细体会产品的优缺点；

◇讲——自己明白和让别人明白是两个概念。

更进一步，销售人员要在了解产品的基础上做到：

（1）找出产品的卖点及独特卖点：卖点即是顾客购买你产品的理由；独特的卖点就是顾客为什么要买你的产品而不买竞争品牌的产品的原因。销售人员如果不能对顾客说出 3 个以上顾客要买你产品的理由，就无法打动顾客。

（2）找出产品的优点和缺点：找出产品的优点和缺点并制定相应的对策。销售人员要找出产品的优点，把它当作子弹打出去；找出缺点，则要考虑如何将缺点转化成优点，或给顾客一个合理的解释。有时候只讲产品的优点，反而使顾客感觉你不诚实。

在美国，曾经有一家电厂的发电机坏了，请了一位电机专家来检修。专家来了以后，这里看看，那里听听，最后，在电机上用粉笔画了一个圈，说："毛病在这里。"工人们把那里打开，很快就修好了电机。最后，厂家付报酬的时候，专家要了10000美元。大家很不服气："就用粉笔画了一个圈，就要10000美元？"专家说："用粉笔画圈收1美元，知道在哪里画圈收9999美元。"结果大家都服了。这就是专业，专业应该得到专业的报酬。

但在实践中存在的问题是：一些销售人员对产品了解得越多，对产品的缺点认识得就越透，而对产品的优点熟视无睹，于是销售人员的视线就被缺点挡住了。所以在实践中要避免这种情况的发生。

3. 信赖产品

在了解产品知识的基础上，销售人员要更进一步欣赏自己产品的优点，相信自己的产品就是好产品，能给消费者带来好处的产品，一个值得顾客购买的产品。这种信赖就会给销售人员以信心，从而使说服顾客的能力更强。

可以说，初级销售人员知道产品的基本知识，中级销售人员能进一步了解产品的卖点和优点，并能制定应对之策，高级销售人员则在了解产品的基础上信赖产品。

4. 了解竞争品牌情况

顾客往往会把销售员推销的产品与竞争品牌的产品进行比较，并提出一些问题，销售员要了解竞争品牌的以下情况：竞争品牌的主营产品是什么？明星产品是什么？为招揽顾客而展示的销售产品是怎么样的？主要卖点是什么？品位、性能、特色是什么？价格如何？与本公司同类产品的价格差距多大？新产品推出的周期有多长？是否经常性地推陈出新？关于陈列展示，竞争对手柜台展示的商品和展示的特色，POP广告表现力如何？关于促销方式，包括促销内容（哪些商品降价、降价幅度如何）和促销宣传（降价的POP广告）好不好？关于销售员的销售技巧，外表好不好，接待顾客的举止好不好，销售技能怎么样？产品说明书、证书是否具有说服力？有什么优点值得学习，有什么缺点自己也有？关于成交情况，竞争品牌的销售数量、顾客数量是多少？顾客层次分别是怎样的情况？

销售员要从不同的角度把你的产品、你负责的终端与竞争对手比较，力求比他们做得更好。谁做得更好，谁才能更吸引顾客，赢得顾客。

5.对产品价值的综合判断

（1）价值最大化——这是超级销售员的宗旨。一个“专家级”超级销售员的标准：产品专家；产品消费者专家；产品市场专家；产品演示专家；产品导购专家。

（2）对产品价值的综合理解。一个产品的价值不仅仅是产品本身，还包括：品牌力量——品牌给消费者所带来的无形的附加价值是巨大的，开奔驰与开捷达车在身份、地位上的区别是可想而知的；赠品价值；服务价值；使用寿命的延长带来的附加价值。

产品的价值=品牌的价值+产品本身的价值+赠品的价值+质量的价值+服务价值

两马各拉一货车。一马走得快，一马慢吞吞。当主人把后面的货全搬到前面时，后面的马笑了：哼，越努力越遭折磨！谁知主人又想：既然一匹马就能拉车，干吗养两匹？于是懒马被宰掉吃了。这就是经济学中的懒马效应。让别人觉得你可有可无，你被踢开的日子也就不远了。

6.销售过程归纳

销售人员：通过我们的一言一行、待人接物的态度，让顾客接受你、信任你，这是成交的基本条件。

销售产品功能的价值：这个产品有什么功效，能给顾客带来哪些好处，选购本产品应该注意哪些方面，为进一步讲解做铺垫。

销售产品：由功能价值引导到我们的品牌上来，我们的产品正是针对顾客的需求进行研发的。

销售售后服务：此处所讲的售后服务指的是销售中的服务，包括接待中的服务、提货、试机、讲解使用注意事项等。

善于总结：实践—经验—思考—理论—总结—目标—实践。

总结销售，以销售为依据，做好销售目标。

总结失败，以失败为警钟，收获重新提高。

总结得失，有得有失才能有收获。

与客户为“友”，洞悉客户心理

大客户销售专家孟昭春曾说过：销售高手没有天生的，正如这个世界上没有一生下来就会跑步的孩子一样，真正的销售高手是培训和学出来的。所以成为销售高手很简单，只要掌握了四维成交法的技术和套路，哪怕是刚入行的菜鸟，3 个月也可以变成老鹰。

1. 与客户交朋友

人与人之间的融洽关系在于多交往。俗话说“一回生两回熟”，就是亲戚常年不来往也会逐渐磨灭了亲情，因此多和顾客互动，是同顾客保持良好友谊的保证。不要只把顾客当顾客，不要只发广告，要多些顾客关心的内容，对顾客有益的内容。只谈钱伤感情，只谈感情伤流量，所以要学会利用工具增进与顾客的感情，深入顾客的生活，与顾客做朋友。而且，与这样的顾客做生意，其实会更好沟通，顾客更通情达理，成交率和成交额自然也更高。

“我愿一生都做你的客户！”对于销售员来说这才是最长情的告白。

2. 为什么要把客户当成朋友

人人都需要关心，如果你还没有开始关心客户，那么就从现在开始吧，因为关心永不嫌迟。

案例一：

布莱恩在销售过程中总是尽力地鼓励和关心客户，使客户感到一种温馨，把他当成知心朋友，这对他的销售工作起到了积极的作用。十几年来，他因业务关系而结识的朋友不下数百人，而且大部分都保持着联系，这为他的销售起到不可估量的推动作用。

有一次，布莱恩去拜访一位年轻的律师，他对布莱恩的介绍和说明丝毫不感兴趣，对布莱恩本人也显得格外的冷漠。但布莱恩在临离开他的事务所时不经意的一句话，却意外地使他的态度来了个180度大转弯。

“巴恩斯先生，我相信将来你一定能成为这一行业中最出色的律师，我以后绝对不再随便打扰你，但是如果你不介意的话，我希望能和你保持联系。”

这位年轻的律师马上反问他：“你说我会成为这一行最出色的律师，这可不敢当，阁下有什么指教呢？”布莱恩非常平静地对他说：“几个星期前，我听过你的演讲。我认为那次演讲非常精彩，可以说是我听过的最出色的演讲之一。这不仅仅是我一个人的看法，出席大会的其他会员也是这样评价你的。”这些话听得巴恩斯眉飞色舞、兴奋异常。

布莱恩早已看得出来，于是乘胜追击，不失时机地向他“请教”如何在公众面前能有这样精彩的演讲。他兴致勃勃地跟布莱恩大讲了一大堆演讲的秘诀。当布莱恩离开他的办公室时，他叫住布莱恩说：“布莱恩先生，有空的时候希望你能再来这里，跟我聊聊。”

没几年时间，年轻的巴恩斯果然在费城开了一间自己的律师事务所，成为费城少有的几位杰出律师之一。而布莱恩则一直和他保持着非常密切的往来。在与巴恩斯交往的那些年里，布莱恩不时地对他表示关心与信心，而他也时时不断地拿他的成就与布莱恩分享。在巴恩斯的事业蒸蒸日上的同时，布莱恩卖给他的保险也与日俱增。他们不但成了最要好的朋友，而且通过巴恩斯的牵线搭桥，布莱恩结识了不少社会名流，为他的销售准备了许多有价值的潜在客户。

做生意就是做朋友。要取得客户的信任，你就要真诚地关心他、热诚地鼓励他，这会化解任何客户的冷漠和拒绝，使你更受欢迎。

案例二：

某汽车公司的销售员在交易成功之后、客户取货之前，通常都要花上3～5个小时详尽地演示汽车的操作。公司要求所有销售员都必须介绍移动房屋式游艺车的各个细节问题，包括一些很小的方面，如怎样点燃热水加热器，怎样找到微波炉上的保险丝，怎样使用千斤顶等。

销售部经理这样说："我曾看见有些销售员只是递给新客户一本用户手册说：'拿去自己看看。'在我所遇见的人中，很少有人能够仅靠一本手册就能搞懂如何操作一辆这样的游艺车。我们希望客户能最大限度地满意我们的关心，因为我们不仅期望他们自己回头再买，而且期望他们介绍一些朋友来买车。一位优秀的销售员会对客户说：'我的电话全天24小时都欢迎您拨打，如果有什么问题，请给我的办公室或家里打电话，我随时恭候。'我们的销售员都精通我们的产品知识，一旦客户有问题，他们一般通过电话就能解决，实在不行，还可以联系别人帮忙。"

无论你销售什么，关心都是赢得永久客户的重要因素。当你提供稳定可靠的关心，与你的客户保持经常联系的时候，无论出现什么问题，你都能与客户一起努力去解决。但是，如果你只在出现重大问题时才去通知客户，那你就很难博得他们的好感与合作。销售员的工作并不是简单地从一笔交易到另一笔交易，把所有的精力都用来发展新的客户，除此之外，还必须花时间维护好与现有客户来之不易的关系。糟糕的是，很多销售员却认为替客户提供优质的关心赚不了什么钱。乍一看，这种观点好像很正确，因为停止关心可以腾出更多的时间去发现、争取新的客户。但是，事实却不是那么回事。人们的确欣赏高质量的关心，他们愿意一次又一次地回头光顾你的生意，更重要的是，他们乐意介绍别的人给你，这就是所谓的"滚雪球效应"。你应当记住：关心，关心，再关心。

为你的客户提供最多的优质的关心，以至于他们连想一想与别人合作都会感到内疚不已！成功的销售生涯正是建立在这类关心的基础上的。

3.洞悉客户心理

攻破客户心理防线需要了解客户的心理，了解客户的心理需要交流。下面分享 6 种客户所代表的心理特征：

（1）喜欢评价他人的客户。

这样的客户一般心胸不广，有妒忌心。和这类客户打交道要有胸怀，懂得去包容他们，自己要显得大度。

（2）说话模糊不清的客户。

这样的客户说话总是留有余地，一话多义，既可以理解为A，也可以理解为B。遇到这类客户，销售就要多留些心了，稳步求进才是上策。

（3）总是抱怨的客户。

这样的客户总是爱发牢骚，以宣泄自己的怒气。对待这样的客户，可以顺水推舟，多安慰和理解他们，这样能迅速拉近彼此关系。

（4）思想传统的客户。

这样的客户有点故步自封，一般会以传统的思想评判事情。所以千万不要搞什么推陈出新，按部就班才是应对的最好方式。

（5）喜欢套近乎的客户。

这样的客户都喜欢拉家常、套近乎，其本意是想了解你的实力，然后再切入正题。面对这类客户可以将计就计，摸清他的用意后，再反客为主。

（6）逃避话题的客户。

客户逃避话题代表其内心有想法，要不就是对你有芥蒂。这类客户最好不要去触碰他的底线，可以从其他入口入手，往往有意想不到的效果。

4. 如何抓住客户的心理

技巧一：首先要有良好的态度。

良好的态度主要包括：

（1）对自己的态度：自信，坚信自己的能力；

（2）对产品的态度：爱所销售的产品，坚信其质量和远景；

（3）对客户的态度：客户是衣食父母，即使被拒绝也要心存感激；

（4）对推销的态度：充满热爱，并相信通过推销可以改变自己的人生；

（5）对挫折的态度：成功只不过是爬起来比倒下去多一次而已；

（6）对学习的态度：空杯心态，没有永远的老师，只有永远的学生。

技巧二：良好的基本知识与技巧。

销售人员要具有良好的基本知识和技巧，主要是指以下方面：

（1）产品的专业知识：良好的产品专业知识是销售产品时与客户交谈的基础；

（2）良好的销售技巧：好的销售技巧可以让你的销售事半功倍，可以通过看销售方面的书籍和向有经验的销售人员请教来提高这方面的能力。

技巧三：强有力的执行力。

凡事只有通过行动才能创造出成果，强有力的执行力是成功的关键，也是提高销量的关键。

技巧四：良好的售后服务。

良好的售后服务是二次销售的关键，也是通过客户转介绍客户的关键。你服务态度的好坏是客户考虑是否把他的朋友介绍给你的主要因素。

销售咨询小法宝——博客营销

博客营销是通过博客网站或博客论坛接触博客作者和浏览者，利用博客作者个人的知识、兴趣和生活体验等传播理念和产品信息的营销活动。

博客营销通过原创专业化内容进行知识分享，争夺话语权，建立起个人品牌，树立自己“意见领袖”的身份，进而影响读者和消费者的思维和购买行为。

微表情心理学，让你更了解客户动向

微表情，是心理学名词。通俗点说就是，人们通过做一些表情把内心感受表达给对方看，在人们做的不同表情之间，或是某个表情里，脸部会“泄露”出其他的信息。“微表情”最短可持续 1/25 秒。虽然一个下意识的表情可能只持续一瞬间，但这是种烦人的特性，很容易暴露情绪。当面部在做某个表情时，这些持续时间极短的表情会突然一闪而过，而且有时表达相反的情绪。

“微表情”一闪而过，通常连清醒的做表情的人和观察者都察觉不到。在实验里，只有 10% 的人能察觉到。比起人们有意识做出的表情，“微表情”更能体现人们真实的感受和动机。虽然人们会忽略“微表情”，但是人的大脑依然受其影响，改变对别人表情的理解。所以如果某人很自然地表现“高兴”的表情，且其中不含有“微表情”，就能断定这人是高兴的。但是如果其间有“嗤笑”的“微表情”闪现，就算你没有刻意去察觉，你会更倾向于认为这张“高兴”的面孔是“狡猾的”或“不可信的”。

另外，除了指短暂的表情外，微表情在应用上更倾向于指代那些被抑制的表情。譬如说在明显悲伤的情况下，某人表现出大部分悲痛的表情，嘴角却抑制不住地上翘。这时，这个人明显希望表现出悲伤的情绪，但是却不由自主地出现了微笑的微表情。由于自身理性的抑制，表现得不明显抑或较为短暂。类似这样的差异在微表情分析中更为常用。

作为一名销售员，每天要和无数的客户打交道，可算阅人无数。但是千人千面，知人知面不知心，而为了更好地了解客户的需求，我们渴望从客户身上的每一个细胞去探求他心中的想法。而探寻一个人的心理则多多少少需要掌握些心理学知识。通过客户的微表情心理学，去读心—攻心—得心。

客户向销售人员抱怨说："都是你害的。现在我要退货，你们的产品有问题：价格高过同类商品，质量又不好。"

当客户做出这种抱怨时，他的负面情绪往往十分高涨。如果处理不当，客户可能在更大范围内进行抱怨，甚至产生对品牌的负面影响。销售人员如何面对客户的这种抱怨呢？

很多销售人员觉得很堵心，同时很委屈："其实这件事也不能完全怪我。我只是销售人员，我只负责推销商品，商品的质量、售后等应该由公司的其他部门来完成。可是每次都是我们来面对客户，向他们道歉，听他们抱怨。客户还动辄威胁我们：都是你害的。言下之意就是要我来对客户负全责。"

负面情绪从客户处迅速蔓延到销售人员处。其实危机、危机，危中才有机。销售人员往往忽略了客户抱怨背后所带来的新的商机。冲突往往是导向真正融合的第一步。销售人员正好可以借用这个机会调整和客户的关系，聆听平时很难听到的客户心声，他们对商品性能、质量等各方面的诉求，同时用自己良好的职业心态、专业素质、耐心服务来面对客户。很多案例证明：越是抱怨厉害的客户，如果他们的抱怨、投诉能得到有效处理，他们最后往往将成为品牌的高度忠诚客户。

现在让我们来了解一些微表情及其代表的意义。

1. 眼皮悟身心

单眼皮的人一般冷静，有逻辑性，观察力和集中力均优，思虑深，意志力坚强。性格相对沉稳，做事细心、谨慎，虽有持续力，但个性顽固。

而双眼皮的人知觉性强，感情丰富、热情开朗，顺应性和协调性优异，行动积极敏捷。同时我们可以从客户的下眼皮发现客户最近的身体情况。睡眠不足的人下眼睑周边呈现黑色，形成了黑眼圈。而过度疲劳、淫乐无度、病魔缠身、郁闷苦恼，都会引起这一征兆。作为销售面对这样的客户就需要从身体上多关心他。

2. 眉毛感情绪

心理学家指出，眉毛可有 20 多种动态，分别表示不同的心理变化。与眉毛相关的动作主要有：

（1）双眉上扬，表示非常欣喜或特别惊讶。兄弟，你可能要签单啦！

（2）单眉上扬，表示不理解、有疑问。有疑问，赶紧解决。

（3）皱起眉头，要么是陷入困难的境地，要么是拒绝、不赞成。

（4）眉毛迅速上下活动，说明心情十分好，内心赞同或对对方表示亲切。

（5）眉毛倒竖、眉角下拉，表明极端愤怒或异常气恼。

（6）眉毛完全抬高，表示“难以置信”。

（7）眉毛半抬高，表示“大吃一惊”。

（8）眉毛正常，表示“不作评论”。

（9）眉毛半放低，表示“大惑不解”。

（10）眉毛全部降下，表明“怒不可遏”。

（11）眉头紧锁，说明这是个内心忧虑或者犹豫不定的人。

（12）眉梢上扬，表示这是个喜形于色的人。

（13）眉心舒展，表示此人心情坦然、愉快。

如果客户斜视，而且伴随着压低的眉毛、紧皱的眉头或下拉的嘴角，那就表示猜疑、敌意或者批判。

如果你在客户的会议上进行介绍时，发现你的客户们大多用这样的表情来看你，你就得警惕了，可能是他们对你本身有意见，或者对你说话的内容表示不屑。不管是哪一种，你的主张都没有办法打动他。

而女人常喜欢用这种视线表达感兴趣的意思。同时伴有眉毛微微上扬或者面带笑容，那就是很有兴趣的表现，恋爱中的人们经常将之作为求爱的信号。

3. 视线识心理

一个人内心深处的欲望和感情，最主要是从目光的视线透露出来的。一个人通过别人看自己的视线可以体会出此人对自己的看法和态度。

（1）视线环顾左右，东张西望。

讲话时对方是否看着我们，显示出他对我们有无好感或兴趣。如果对方的视线总在东张西望，我们的产品或者公司介绍他可能就没听进去。这也是一种本能，那就是不愿面对讨厌的人和事。他出于礼貌，还是要把这次谈话进行下去，但内心的厌烦就没有办法阻止了，会淋漓尽致地表现在身体语言上。

对策：这种场面是我们经常遇到的情况之一，此时我们需要适可而止，目前的情景可能不适合做深度的介绍和沟通，可以转移一下话题到别的更为轻松的方向；交流是双向的，同时让客户体察到我们对他情绪的关心，这也是一种尊重和服务！

（2）视线朝下者胆小怯懦。

当我们看着对方的眼睛时，对方把视线悄悄地往下移，是因为他意识到，与我们谈话时会带有一种紧张感。

对策：如果客户是这样的表现，那多半他在公司的地位也不高。如果他对你还有价值，那么就要多给他一些尊重，让他从你这里得到心理上的安抚和按摩，然后再让他帮你推荐管理人员，并帮你多说话。

（3）视线左右游移则表示拒绝。

如果对方视线是左右游移，表示他有拒绝之意，而且无意中表现出对我们不怀好意的信息。

对策：此时客户心中肯定是有质疑，应该及时解决，因此不妨直接问道：感觉您对我们的产品还有些困惑，您可以直说，没有关系，我们会将真实的情况详细告诉您。

（4）视线长时间直视是敌对的表现。

如果对方一动不动直勾勾地直视着我们，则说明他受到某种强烈打击，或怀有强烈的敌对心理。

对策：这样的情况下，需要及时破冰，需要用更为柔软的语言去化解，让气氛不过于紧张。

（5）视线漂移不定表示内心不安。

常见于情绪低落的时候，表示失去了安定感，或者在思考某些事。

对策：这时候就要多从客户的情绪上先关怀一下，如果能够平复客户的不安，在进行业务推进时会更有效。

（6）视线向上是自信的表现。

说话时视线稍稍向上的人，大多对自己的地位有极大的自信，性格也比较外向。客户中的重要人物和管理人员有这种眼神的较多，他们的视线往往是向上的。

对策：面对这种人，在表示尊重时也不能失去底气，否则他们更会不尊重或者不重视你的产品和公司，做到不卑不亢、有礼有节。他们身边不缺乏拍马屁的人，你需要做的就是在节约他们时间的情况下，提出最好的解决方案。

4. 眼神察心迹

一个人的眼神是无法掩盖心里的念头的：心地善良，目光就清澈、明亮；心术不正，目光就昏暗、有邪光。眼神的观察有时候只可意会无法言传，因此只能举例略说一二。

（1）“名门正派君子”的眼神：目光平行正视、眼神不浮不露，且不做作，是有胆识的正直之人。主动与你进行目光交换的人，说明他的心胸坦荡。

对策：面对这种客户，是你的幸运了，以心交之，以诚换诚，方为正道！

（2）“智慧有心计者”的眼神：目光下视，忽明忽暗，讲话时眼神不定，城府很深。

对策：对于这类人谈话的虚实，必须加以辨别。最好防备他会有一些惊人的突发之举。如果公司内部需要诚实、可靠、忠实度高的人，尽量不要选择这种人，尤其是选择财务管理人员时。

（3）“东躲西藏”的眼神：讲话时经常躲避对方目光，表示他是个三心二意，或者拿不定主意，抑或紧张不安的人。

对策：这类人说话的诚恳、真实性要打个折扣。

（4）“聪明人”的眼神：眼珠黑白分明，精神焕发，眼神富有灵气而活泼，是个精力充沛的人，对世界很感兴趣。这类人各方面的反应相当敏锐，吸收及学习能力强。

对策：这类客户对新的技术和产品非常感兴趣，会热衷于你们产品本身的竞争力，因此可以多把重点放在产品和解决方案上。

现在，对微表情的研究十分不到位，很少有人能真正地运用好这一方法，甚至连了解也很少。在销售这样的领域，普及微表情知识其实是十分必要的，希望销售人员能较好地掌握“微表情”心理学。

销售咨询小法宝——网络知识性营销

网络知识性营销其实就是运用互联网上的资料、知识性网站来进行企业及产品营销。

网络知识性网站包括但不限于：百度知道、百度经验、百度贴吧、搜搜问答、360 问答、新浪爱问知识人、道客巴巴等，或公司网站自建的疑问解答板块等平台，通过与广大客户之间提问与解答的方式来传播公司的品牌、产品和服务的信息。

网络知识性营销主要是因为扩展了客户的知识层面，让客户体验公司和营销人员个人的专业水平和高质量服务，从而对公司和个人产生信赖和认可，最终达到传播企业品牌、产品和服务信息的目的。

如何借商品讲述一个生动的故事来打动客户

大家都喜欢听故事，如果用讲故事的方法来介绍自己的产品，就能够收到很好的效果。俗话说，买卖不成话不到，话语一到卖三俏，由此可见销售语言的重要性。

1.故事的作用

爱听故事是人的天性，人从在妈妈怀抱里起就有这个习性，几乎人人都爱听故事，故事的力量，远比你我想象的大，所以销售一定要会讲故事。

（1）引起客户的共鸣。

故事的隐喻特点常常会引起客户的共鸣，既能够巧妙地表达出销售人员内心的真实想法，又能够给客户留足面子，不至于伤害到客户的感情。

（2）向客户推销自己。

让客户觉得我是值得信任的，就要向客户讲一个故事。就像我们去面试的时候，主考官问我们如何证明我们的工作能力，这个时候简单地告诉对方我去年曾经创造了5000万元的销售业绩，不如告诉对方我怎样千辛万苦地拿下了一个地标性的工程。

（3）帮助介绍产品。

当客户对我们的产品提出质疑的时候，也是向客户讲故事的最佳时机。销售中最忌讳的就是跟顾客辩论，通过向客户推销产品故事，最主要的一点就是抓住顾客的关注点，在细节描述上做足功夫。跟客户讲产品故事，要尽量讲解产品使用过程中的细节问题，不管是好的方面还是差的方面，只要讲到客户的心坎里去，让客户的大脑中出现了画面感，这就是一个经典的好故事。

（4）化解客户的异议。

客户的异议分为很多种，既有产品方面的异议，也有服务方面的异议。我接触的很多销售人员在处理客户异议的时候都喜欢跟顾客讲道理，在他们看来，只要我们回答了客户的异议，化解了客户的异议，客户就会购买我们的产品。这种想法是非常危险的，因为在销售的过程中，真正的成交一定是从客户心理放松、心情愉悦的状态下开始的，如果客户心里感觉受到了各种委屈，被销售人员“欺负”的话，他还能买单吗？

（5）请求成交。

“我们有一位客户……”这是典型的向客户请求成交的故事，这就是销售技巧中常用到的例证成交法，用其他客户的故事来激励客户马上采取行动。在跟客户讲成交故事的时候，拿出可信的证据比单纯的语言要有效得多，边翻着其他客户的方案边跟客户讲，“看，这就是 × × 先生的方案，您觉得怎么样”，通常客户都会在心里形成一种暗示，既然这么多人都选择了，那么应该错不了。

2.故事分类

给客户讲故事是很重要的，不是随便引用什么故事都是适用的。我们应该为客户准备怎样的故事，什么故事才能吸引客户呢？我认为：好故事是关键的引爆点和助推器，以下 4 点是一个好故事所必须具备的：

◇鲜明而有正能量的主题——励志与梦想；

◇个性化的人物；

◇新颖而可视化的传播形式——漫画等；

◇故事的核心矛盾点与冲突——成长与创业中的坚持与特立独行。

那么，什么类型的故事可以跟客户去讲呢？以下故事类型是不错的选择：

（1）创业型故事。

2014年9月，在阿里巴巴上市之际，“马云的名片”在网络上被热转。原来还没有建立阿里巴巴时，马云的“名头”还只是杭州一个不知名小公司的业务副理、市场部主管，而当阿里巴巴成功建立时，人们似乎更愿意去“八卦”他那些成功前的往事。一个品牌从无到有，创业的过程往往是成就品牌的关键，创业者的个性与创业时期的故事，也很可能就此决定了品牌基因。在讲创业故事方面，奢侈品品牌绝对算是高手。

（2）历史型故事。

很多“80后”可能还记得一个本土热水器品牌——“万家乐、乐万家”，当年这样一句广告词通过电视传遍千家万户。但我们也只是记住了这句广告词，对于这个品牌还是一无所知。而另一个美国热水器品牌则要聪明许多，同样也是一句广告词：我家的A.O.史密斯热水器已经用了52年，但表达出的信息量却要多得多，一句话叙事，该品牌热水器的品质即刻被传达，品牌的历史厚度也被形象化地表达了。

（3）传播型故事。

维吉达尼主打“农户故事”。

根植于淘宝的一些品牌，就常常以“故事”取胜。如在淘宝上小有名气的农产品牌——维吉达尼，“维吉达尼”是维语“良心”的意思，无论在维吉达尼的淘宝店铺，还是微博、微信上，创业者希望把农户的故事融入产品中，每个产品蕴含着一个故事。在店铺成立之初，维吉达尼以农户实名发了几条微博，同时得到姚晨、周鸿祎等名人微博转发，刚刚成立的维吉达尼知名度迅速提升，维吉达尼也被打造为一个有温度、有情怀的品牌。现在，维吉达尼在新疆有大约 500 家合作农户，从互联网上重复购买的客户约 3 万人，在农民和农产品消费者之间成为一个温暖的社群。

（4）相关型故事。

如果品牌有足够好的资本，那么完全可以自顾自讲故事，使品牌本身成为焦点，吸引更多的消费者。如果没有，那不妨从“相关性”入手，将品牌身份与消费者需求紧密结合起来，加强二者之间的双向沟通，通过建立联系，实现品牌目的。

（5）风格型故事。

有些故事就是为了塑造自己的风格，走差异化路线。人们只要一想到某种风格，就会马上想到这个品牌。因为在饮料行业，产品的同质化很普遍，所以这一点最为明显。

星巴克套用了“地理即风味”。

假设我们现在身处咖啡店，你需要向店员描述喜爱的咖啡口味，是清爽的酸味，还是温和抑或是微妙的坚果味道，其实大多数消费者都不太清楚。2005 年，星巴克决定用咖啡包装体现产地标识，来指导消费者区分咖啡之间的细微差别，帮助他们发现喜爱的口味。星巴克咖啡豆的产地主要来自美洲、非洲和太平洋地区，每个地区的咖啡豆都有独特的风味，品评的过程就是发现风味、酸度、醇度和气味的过程。

肯亚咖啡与斯丹摩咖啡都具有东非咖啡明显的酸度与水果般的风味，这在一般的咖啡中是没有的，但如果将肯亚咖啡与苏门答腊咖啡做比较，两者的差异就会很明显，而产地在太平洋区域的咖啡具有泥土的芳香和草本香。

（6）细节型故事。

小细节也可以做大文章，有些故事就是从一些小细节入手，非常碎片化，但是能达到见微知著的效果。别人看到这个细节，就能感受到你的企业形象。

3.如何给客户讲故事

任何商品都有自己有趣的话题：它的发明、生产过程，产品带给顾客的好处，等等。我们可以挑选生动、有趣的部分，把它们串成一个令人喝彩的动人故事，作为销售的有效方法。所以销售大师保罗·梅耶说："用这种方法，你就能迎合顾客、吸引顾客的注意，使顾客产生信心和兴趣，进而毫无困难地达到销售的目的。"

（1）好故事主题要让人听得懂。

想要写好一篇文章首先得确定这篇文章的中心思想，想要讲好故事首先得确定故事的主题是什么。在跟客户讲销售故事的时候，我们需要首先思考的是讲另一名客户（人物）的故事，还是讲关于产品（物体）的故事，还是讲关于服务（动作）的故事。

在讲这样的销售故事时，我们可以简单地开始，"我曾经遇到过一位跟您有同样想法的客户""为什么我们的产品要设计成这个样子呢""我们的24小时上门服务是怎么做到的呢"，当你以提问的形式开始讲故事时，就更加能够抓住客户的注意力，让客户跟着你进入故事情境。

（2）好故事内容要能够制造冲突。

如果你的销售故事是以平铺直叙的方式对客户进行讲述，显然是无法引起客户兴趣的，因为好的销售故事需要能够制造冲突。销售人员的工作一方面是在向客户介绍产品，另一方面则是在处理客户异议，鼓励客户购买。基于客户的真实情境，既能够巧妙地把客户内心深处的真实想法点出来，又能够给客户留足面子，同时还能够巧妙地告诉他这种想法简直就是痴人说梦。

在制造冲突的时候，我们通常有两种故事类型可以讲，一种是讲恐怖故事，一种是讲美好故事。讲恐怖故事时告诉客户，由于某位客户用低价买了糟糕的产品后，遭遇了惨痛事件的一些经历，让客户开始担心低价的后遗症；讲美好故事时告诉客户，由于有位客户提高了预算，买到了更好的产品后，生活品质发生了天翻地覆的改变。

（3）好故事要能够给客户创造画面感。

给客户创造画面感，是讲好销售故事、打动客户的核心技能。销售故事就是在给客户创造画面感，引导客户进行感官的体验，当然这种体验可能是真实的产品体验，也可能是引导客户进入情境“想象”。

著名的营销专家说：“我们不是卖牛排，我们卖的是牛排的滋滋响。”从这句话中，我们有没有感受到画面感，牛排的滋滋响是一种听觉的刺激，但是我们却可以有视觉的联想，有味觉的联想，甚至还有嗅觉的联想，这就是创造画面感的好处。

（4）销售故事包括：

◇真实的成功客户个案；

◇客户购买后的愿景；

◇销售人员根据商品独特卖点设计的小故事；

◇销售人员为引起客户注意而设计的故事；

◇销售人员为化解客户异议而设计的故事；

◇关于企业愿景的故事；

◇关于企业光辉历史的故事；

◇关于企业创始人的故事。

小孙是一位保险理财员，他在向客户推销理财产品的时候，总是喜欢用以往客户的成功事实来说服准客户。

“我有个老客户，在理财方面是个专业能手，从事股票、基金买卖十多年。可这段时间股市不稳，收益缩水。他发现，在当前的形势下理财还是稳妥点好，于是，将大部分资金转移到保险领域，其中很大一部分就是买了我们的红双喜。”

“是吗？那你们的产品收益率如何？”

“这种产品是一种非常好的理财产品，我们公司的每个人都投资了。其中有个柜员，年初刚生儿子，一心想为儿子准备一份礼物，经过挑选，选择了红双喜，作为孩子以后的教育基金。您看，这是他保单的复印件。”

客户点点头，认可了小孙的说法。

一个小故事胜过长篇大论，以实际案例来说服客户，好过讲一大堆道理。由此可见，销售人员在推销的时候要随时准备几个简短的案例故事，可以大大加强销售时的生动性和说服力。

成功的实例像把双刃剑，运用得好可以锦上添花，运用得不好则会起到反作用。所以，销售人员选择案例时一定要谨慎，而且需要按照一定的方法，注意一些话术。

销售咨询小法宝——事件营销

互联网事件营销是当今最流行的一种营销方式，事件之所以能够形成事件，是因为精心的策划和实施(制造营销事件的步骤：确定传达目标、分析当下舆论环境、制订话题传达方案、组织话题实施步骤)，这种形式能够让大众乐此不疲地参与进来，在享受乐趣的情况下帮助企业扩大这个事件，从而吸引更多人的关注与参与，改善并增进企业与公众之间的关系，塑造良好的企业形象。

我们都知道，好人缘的人会得到更多的认可和帮助，企业也是一样，一个有着良好形象的企业也会增加企业的成功率。

提高客户的被关注度，出单率更高

说服，是沟通的艺术，也是谈判时最重要的技巧。对于销售人员而言，“说服”是他们的秘密武器，也是帮助他们拿下客户、赢得业绩的必备技能。但是除了口才，提高自己的被关注度也能在很大程度上帮助大家提高出单率。

当用户对我们的关注度提高时，我们的产品和品牌就可以为大家熟知。当我们能够吸引用户的目光，让他们关注我们，我们的用户群体就会越来越多，产品的销售量也会提高。那么，我们该如何增加关注度呢？

既然要让别人对我们产生兴趣，首先我们需要有新鲜有趣的内容，引起用户的注意。我们需要了解用户喜欢什么内容，愿意了解什么内容，然后进行相应的推送，如果这些内容是他们感兴趣的，他们就会主动关注我们的谈话内容。

每个人每天都有很多事情要做，谁都不愿意浪费有限的时间，我们可以充分利用用户的零碎时间，让他们在不知不觉中发现我们，对我们产生更多的记忆，然后愿意购买我们的产品。至于如何在用户碎片化的时间里快速抓住用户的注意力，这个就需要微信营销人员进行头脑风暴了。这里可以说一个小小的方法，大篇幅的文字往往会让用户产生厌烦，枯燥、难以理解的文字也会浪费很多时间，我们可以选择一些有趣的图片和视频，用户现在都喜欢动态的东西，图片和视频会带动大家的好奇心。

移动互联网为我们提供了很多免费且有效的资源，我们可以通过论坛、微博、QQ、贴吧等社交应用进行推广，将我们的产品和网站宣传给更多用户。当然，在推广时也需要一些技巧。拿微博举例吧，我们每天都可以在微博上看到各种热点话题，前段时间范冰冰和李晨的恋情公布后，各大商家纷纷借此机会进行炒作，只要你在微博输入“我们”，马上就会出现各种五花八门的宣传，用户就可以通过这些热门话题发现我们，进而浏览我们的信息，这也是增加关注度的有效方法。

现在互联网信息更新非常快，如果我们的内容一成不变，对用户来说就会失去新鲜感。所以，我们需要经常更新我们的内容，让用户觉得我们是与时俱进的。同时，用户也会问一些问题或者给予一些评论，我们需要及时处理这些信息，保证双方的互动性。

还有一点，千万别忘记我们的二维码，不管是在餐馆吃饭还是在公交车上，经常会看到很多二维码，旁边还会配上一些有趣的广告文字，我们也可以参考这些方式，将我们的二维码放在一些用户随时能看到的地方，然后通过这些二维码及时关注我们的内容。

截至3月21日，为期6天的“2010年（第82届）春季全国糖酒商品交易会”在四川成都圆满落下帷幕。记者从糖酒会组委会了解到，本届参展商家高达4000多家，展览面积比去年扩大了1万平方米。也正是这样激烈的竞争，才越发凸显出真正实力雄厚的商家。作为饮料业界的龙头企业，河南七彩燎原食品股份公司旗下的悦果品牌在这场角逐中异军突起，赢得了最高的关注度，也收获了可观的经济利益。

回顾悦果饮料的成长，不难看到，一套有效可行而又独辟蹊径的营销策略和推广手段对于一个品牌的成功是多么重要。悦果，一个朝阳型品牌，一切从零开始，在企业发展规划之初就制定了明确的发展策略——互联网全媒体营销，并且联系利用了国内首屈一指的网络媒体运营专家团队——云传播，作为其传播推广的全程策划及全权代理，在网上发起了为期3个月的网络宣传攻势以及全媒体舆论造势，使之在无任何其他宣传手段（电视、平面媒体、线下推广等）的情况下，达到家喻户晓、众人追捧的宣传效果，最终在本次糖酒会招商近1亿元。

值得关注的是，云传播是如何做到的呢？

首先，北京云传播公司是中国第一家提出系统性“云传播”互联网营销解决方案的公司，也是国际上第一家提出“云传播”概念的公司，这种客户导向型和客户友好型的互联网营销传播解决方案，充分发挥了互联网对实体经济和现实社会的超级服务作用，把虚拟和现实经济有机地结合起来，这就给合作伙伴带来超值和意想不到的巨大收获。

纵观“悦果饮料案例”，不难发现，云传播将“云式理念”淋漓尽致地发挥出来。无论是单纯的构建传播港、制造超引信、再造传播链，还是全方位立体制导关键词、点爆流量潮、展开搜索云，直至各种新型网络传播阵地、博客、论坛、SNS、视频网、主流门户网都可见到悦果的相关信息。

为了将悦果打造成网络最红的品牌，云传播运用云手段，联合百余家门户网站，通过选秀活动确定了悦果花果饮品牌7位美少女代言人“悦果mm组合”，编导并制作了包括《美女阿凡达》《韩流nobody》《80后少女征婚记》等10部网络电影短片，从其内容风格的独具匠心、创新时尚，此团队的创意执行能力之强可见一斑；另外，云传播利用其独有的技术手段，实现了悦果品牌在论坛与博客的口碑度、美誉度的全面丰收；此外，他们还制作了“悦果mm真人美女大富翁”游戏、电子杂志等十几种辅助攻略作为传播媒介。由此，实现了短短两个月时间内，使“悦果”真正成为热门话题，收录在google关键词中的信息多达390多万条，百度也多达5万余篇相关文章。河南七彩燎原食品股份公司董事长孙磊涛在看到这些成果和喜获1亿元招商订单后，不得不感叹：云传播，这就是悦果品牌在成都糖酒会招商成果的秘密所在！

这是一个神话般的起点，不论你是否相信，云传播独创的云态全媒体网络传播运营理念已经站在网络传媒行业的最尖端，它将在未来主导媒体传播行业的命脉，它迎合了网络、传媒和市场的各种特点和需求，“云”是科技和社会形态发展的必然趋势和导向，相信北京云传播互联网公司秉持这个理念，会将中国网络传媒带到一个新纪元！

有经验的销售人员能够综合运用各种高级谈判技巧和方法，充分利用各种平台提高自己的知名度。

销售咨询小法宝——事件营销成功案例

猎豹浏览器借着抢票这件事彻底地火爆了。2012 年冬天，猎豹浏览器推出了抢票专版，并借着 12306 这个“比较烂”的网站火了一把。后来的铁道部约谈猎豹浏览器更是一石激起千层浪，这也使得猎豹的市场占有率直线上涨。

一票难求的现状，以及广大用户在春节期间集中爆发的网上购票需求大背景，给一些浏览器厂家制造了千载难逢的“事件营销”的机会。猎豹浏览器成功利用“买票难”这一契机，用事件营销成功突围。

随后，猎豹及其他软件频繁地传出被约谈、被叫停的新闻，在央视的新闻节目中，猎豹也高调地出现。而猎豹借着这些热点事件，进行二次宣传包装，让人们彻底地记住了这个浏览器。

03

客户的肢体语言发出的“信号”

坐姿里面的学问通常被销售员所忽略，于是就很难了解到客户的一些微妙的心理。在销售过程中，如果能稍微留意一下客户的坐姿，对销售的进展还是非常有好处的。

看客户的眼色行事，重视客户的感觉和反应，从中获得关于客户内心情感的准确信息，从而把握客户的心理，这样才能够有针对性地去应对各种状况，克服不利因素的影响，获得客户的信任和喜欢，让销售顺利进行。

解读肢体语言，捕捉顾客信号，了解顾客心理，做出正确决策，是每个销售人员都应该具备的技能。

客户的坐姿决定了你是否能成功

习惯是人的一种“内化”，所以人又会把这种习惯“外化”成一种性格，这种性格就能反映以后的心理。

就像坐姿一样，有侧坐着的，有跷起二郎腿的，有把腿放在桌椅上的，那么各种坐姿蕴含了客户怎样的心理呢?

坐姿其实就是一种习惯，这种习惯也就反映了人的性格，同时也表露了客户的心理。

第一，骑跨在椅子上。骑跨在椅子上的人喜欢把腿放在椅子两侧，这种人想借椅子获得支配与控制的地位，同时，也希望借椅背来保护自己，因为椅子的后背可以扮演盾牌的角色，它不仅仅能保护人的身体，还会让骑跨在椅子上的人产生挑衅与支配的欲望。习惯于骑跨椅子的人一般行为相当谨慎，他们能够在不引起他人注意的情况下，完成从正常坐姿向骑跨坐姿的转换。

面对这种坐姿的客户，你要想使客户把腿放下，有一个最简单的办法，让该客户改变坐姿，那就是站在或者坐在他的身后，因为这样能够让他感到自己容易遭受攻击，从而不得不改变坐姿。

第二，“弹弓式”坐姿。这种坐姿意味着冷酷、自信、无所不知，这种坐姿还伴随着把手放在后脑勺上的动作。

有这种坐姿的客户大多是男性，这种客户通常用这种姿势给销售员施压，或者故意营造出一种轻松自如的假象，以此麻痹销售员的感官，让销售员错误地产生安全感，从而在不知不觉中踏上他预先埋好的“地雷”。针对这种客户，你要想“攻克”他们，你只需要跟他们一起做出“弹弓式”姿势就能有效地应对他的挑衅，因为通过模仿他的动作，你们之间又重新形成了平等的地位。这样，客户对你的态度也会有大的改观。

第三，准备就绪的坐姿。这种坐姿一眼就能看出来，如果客户在听完你的陈述后做出准备就绪的坐姿，而且交谈的气氛又相当融洽，那么，这个时候你可以大胆地向对方提出签单的要求。你多半能得到肯定的回答。

你向目标客户推销商品的时候，如果客户在抚摸下巴的动作之后，紧接着做出准备就绪的坐姿，那么客户愿意签单的概率会超过一半。相反，如果在销售员提出购买请求之后，客户先是抚摸下巴，继而双臂交叉的话，这笔生意很可能就谈不成。

第四，起跑者的姿势。这种姿势传达出一种结束会谈的愿望。表达这种愿望的肢体语言包括身体前倾，双手分别放在两个膝盖上，或者身体前倾的同时两只手抓住椅子的侧面，就像在赛跑中等待起跑的运动员一样。

如果你和客户交谈的过程中，客户做出了这样的动作，那么你最好重新引导他们对你所推销的产品产生兴趣，或者尝试转换话题的方向，或者干脆结束你们的会谈。

客户怎么坐就像客户的手怎么放一样，蕴含玄机。客户跷起二郎腿，表明他对你的产品不是很感兴趣；客户采用一种“弹弓式”坐姿，证明他想以这种姿势来对你施压。因此，在你面前的客户怎么坐，腿怎么放，你都要能识别其中的含义。

（1）跷腿而坐，坐下后不断用手有节奏地拍打膝盖。这种客户一般都比较粗心，不看重细节，常常以自我为中心，脾气比较暴躁，很少去体谅他人的感受。

（2）坐下来后不断抚摸头发。这种客户一般都喜欢吹牛，虽然知识比较丰富，喜欢说话，但有时夸夸其谈而不干实事。

（3）坐下后检查头发、衣领和衣袖是否整齐。这种客户一般都比较爱面子，重视体面，对他人的批评和意见会非常在乎。不过，这种客户的观察力比较强，销售员和这类客户打交道要注意好各种细节。

（4）盘手交胸而坐。这种客户一般都有主见，有的时候会显得有些固执己见，但他们不会和别人争论，有意见也会埋藏在心里。他们具有外柔内刚的品性，处世十分谨慎小心。

（5）坐下后不断地抖动或者摇晃双腿。这种客户一般都性情急躁，情绪不稳定时更是经常做出这种姿势。

（6）坐稳后两腿张开，姿态懒散。一般地说，这种客户都比较胖，属于豪言壮语型，说得比较多而做得相对要少。

（7）靠着椅子扶手坐或者侧坐于椅子一边。这种客户心思缜密，不管面对什么类型的人，都能表现出谦逊和亲切的样子，即使他很讨厌坐在他面前的人，他也不会表露出来。

坐姿里面的学问通常被销售员所忽略，于是就很难了解到客户的一些微妙的心理。在销售过程中，如果能稍微留意一下客户的坐姿，对销售的进展还是非常有好处的。

同样，销售人员也需要注重自己的一些礼仪，在拜访客户和接待客户时，坐姿是销售人员最常用的肢体语言。细节决定成败，通过细节可以了解一个人的心理，销售高手在客户面前都会特别注意坐姿等细节。

销售高手的坐姿：上身自然挺直，头部端正，两肩平衡放松，目视前方或面对交谈对象。一般不可深靠座位背部，在比较正式的场合，或有长者在座时，不应坐满座位，应只坐一个座位的 2/3 面积即可；入座时应从椅子的左侧落座，左侧离座。

常用的坐姿有：正襟危坐、双脚交叉、双腿内收。适合男性的坐姿有垂腿开膝、前伸交叉；适合女性的坐姿为双腿斜放、前伸后曲。

就座要点：

◇注意落座顺序，遵循长者优先的原则；

◇着裙装的女士，可先用双手拢平裙摆，再落座；

◇落座前，可右腿后撤半步，探明座椅位置再落座，落座要轻缓无声；

◇离座时，要略后于对方站起。

就座禁忌：

◇抬脚过高，使对方看到鞋底；

◇双腿敞开过大；

◇跷“二郎腿”，两腿直伸；

◇上身大幅度后仰，左顾右盼，摇头晃脑，身体抖动。

销售咨询小法宝——互联网口碑营销

网络口碑营销是把传统的口碑营销与网络技术有机结合起来的新营销方式，应用互联网互动和便利的特点，通过客户或公司营销员以文字、图片、视频等口碑信息与目标客户之间进行互动沟通，两者对企业的品牌、产品、服务等相关信息进行讨论，从而加深目标客户的影响和印象，最终达到网络营销的目的。

网络口碑营销是WEB2.0时代网络中最有效的传播模式。网络口碑营销在国际上已经盛行了很久，美国还有专门的协会来对此领域进行专门的权威探讨。

当客户出现这些情况时，你要注意了

销售顾问如何解读客户的肢体语言？说到肢体语言，我们的第一感觉就是销售顾问要适当运用肢体语言来促成销售，但是我们却忽略了沟通对象——客户的肢体语言。下面是一些客户肢体语言及其寓意，并给出了相应的处理方式。

1. 轻揉鼻子

客户认为你在花言巧语，不相信你，对你所说的话题无法产生兴趣。此时你应该转移话题，通过需求分析，问出客户所在意的兴趣点。

2. 捏着手指或握拳头

客户认为你说得太多，讨论的话题并非他想了解的。即使你自己认为表达得激情澎湃，犹如演讲，但客户还是会认为你在浪费他的时间，想尽快结束话题。

3. 抚摸后脑

这是极其反对的信号，客户很不赞同你的说法。针对这种情况，我们的话题要跟进、互动，让客户感觉到你对他的尊重。

4. 轻拍手掌或抚摸头发

这是同意的信号。大家都知道女生在抚摸自己的头发时可能是为了展示妩媚的一面，这个动作说明她已对你所说的话、所做的事表示赞同和认可。

5.睁大眼睛

说明你说的话题及产品的卖点使客户产生了浓厚的兴趣，对你已有极强的信任感，这时可以向客户发出请求成交的信号。

6.客户对你无视或低头俯视

首先，说明对你的印象较差；其次，说明对产品无购买欲望。如何才能避免此类情况发生呢？男销售顾问对客户的夸奖不要过于花言巧语，要注重的是礼貌对待；女销售顾问可以对客户着装、品味做出适当的夸奖和赞赏。

7.交谈中客户眼神四处游离

这同样是反对的信号，无法接受你所说的话。此时我们需要用肢体语言来引起客户的关注，吸引其注意力，可以使用“摸、听、看”技巧中的“看”给客户带来视觉感。

8.将手静置口袋

这是防御性的动作，客户对你感到畏惧，对陌生的环境感到不安，从而处于焦虑的状态。我们应及时营造一种轻松氛围来打消客户的这种心态，如热情引导客户入座，呈上茶水等。最佳的办法还是培训老师提到的“体验式销售”，让客户亲自伸手去触摸我们的产品，从而对产品产生信赖感，消除客户的防备心态。

9. 摸鼻梁、抚下巴

这种现象表明此时客户正在考虑，进入最后决定状态。这时需要给客户一个安静、独立思考的空间，但是不要让他考虑时间过长，适当的时候应该给他打一支定心针，使他相信他的决定是正确的。

10. 交谈时与你面对面、四目相对很久

这表示客户对你的话题十分感兴趣，此时应乘胜追击，促成交。当然，不论客户给出什么样的“信号”，在与客户交谈时，我们都要谦而不卑，做到真正的销售“顾问”，用自己的专业知识为客户“指点迷津”，这样才能真正赢得客户的心。

一名优秀的销售人员一定能看出客户的肢体语言，一个人想要表达他的意见时，并不一定需要开口，有时肢体语言会更容易进行表达和传递出一些信息。

有人做过调查，人的思想多半都是通过肢体语言来表达的。我们对于他人传递信息的接受，只有10%来自对方所述，其余则来自他的肢体语言、神态表情、语调等方面。

下面给大家列举一些比较常见的肢体语言，希望能帮助销售人员和客户顺利沟通。

（1）当客户瞳孔放大时，表示他被你的话所打动，已经准备接受或者正在考虑你的建议。

（2）客户回答你的提问时，眼睛不敢直视你，甚至是故意躲避你的目光，那表示他透露的信息是“言不由衷”或者是另有打算。

（3）当客户皱眉时，通常是他对你的话表示怀疑或者是不屑回答。

（4）当我们与客户握手时，如果感觉松软无力，说明对方比较冷淡；若感觉太紧了，甚至是握痛了你的手，说明对方有点虚伪；如果

感觉松紧适度，那表明对方稳重而又热情；如果感觉他的手有很多手汗，则说明他可能正处于不安或紧张的状态之中。（这一条也同样适用于我们和朋友见面握手时的一些判断。）

（5）客户把双手放入口袋中，表示他可能正处于紧张或焦虑的状态之中。另外，一个有双手习惯性插入口袋癖的人，通常是比较神经质的。

（6）在和客户交谈时，他不停地玩弄手上的小东西，例如打火机、笔、小纸条等，这说明他内心紧张不安或对你的话不是太感兴趣。

（7）当客户交叉双臂时，表明他可能有不同看法，也许与你的看法相反，也有可能表示他有一种优越感。

（8）当客户突然面无表情，甚至是目光冷淡时，其实这就是一种强有力的拒绝信号，表明你对他的说服方法没有奏效。

（9）当客户用手搔头时，有可能他正试图摆脱尴尬或打算说出一个难以开口的要求。

（10）和客户沟通时，他颔部突然往上突出，鼻孔朝着你，表明他想以一种居高临下的态度来和你沟通。

（11）当客户用手抚摸下颔时，他可能是在思考你的话，也有可能是在想摆脱你的办法。

（12）客户突然低头揉眼，这时可能表明他企图要掩饰他的真实意图，当然，也有可能是真的眼睛不舒服。

（13）在与客户沟通中，他时不时看表，其实这就是逐客令，说明他不想继续谈下去或有事要走。

（14）客户突然将身体转向门口方向，这表示他希望早点结束沟通。

以上这 14 点肢体语言是销售人员和客户沟通中一些比较常见的情况，也是出现最多的表达方式。

当然，客户的肢体语言远不止这些，我只是举一些比较常见的例子，只要是平时善于察言观色的销售人员，再加上阅人无数的工作，一定可以总结出一套行之有效的沟通方法。

销售咨询小法宝——互联网视频营销

网络视频营销指的是公司或营销员将各种视频短片放到互联网上，宣传公司和自己的个人品牌、产品以及服务信息的营销手段。

网络视频广告的形式类似于电视视频短片，它具有电视短片的种种特征，例如感染力强、形式内容多样、创意性强、生动活泼等特点，又具有互联网营销的优势，例如互动性、主动传播性、传播速度快、成本低廉等。

可以说，网络视频营销，是将电视广告与互联网营销两者的优势集于一身的方式。

读懂眼神的奥秘，更快明白客户情绪

在销售过程中，我们常常要一边讲解一边让客户看一些资料或产品。这时候如果我们的服务不够仔细，就会让客户处在一个很尴尬的状态。因为他要听我们说，就无法专心地看；如果他看着资料，就无法专心地听，甚至当我们在滔滔不绝地介绍产品时，你会发现客户已经心不在焉或已经走开了。这是因为我们只顾自己说而忽略了客户的感受。一个好的办法是，每说完一句话时就要略微停顿一下，抬头看着客户，一来可以看看他的反应，二来让他感觉我们尊重并且关心他，让客户此时无法回避或是思考其他的事情。

某公司有一位员工，在年底公司对他的客户做回访时发现客户对他的反映并不好。其实，他是一位工作能力很强也很敬业的员工。后来经过深入调查才发现，大家对他的印象不好是因为平时他在与人沟通时总是不看对方，而是看着旁边的人。他本人并没有意识到这一点，而客户却感觉与他说话时不受尊重，感觉自然不好。

在销售中，销售人员会遇到形形色色的客户，难免会遭到客户的冷眼，当然也会得到客户理解的眼神、支持的眼神、鼓励的眼神、称赞的眼神。一般地，在销售中，客户的眼神有以下几种类型：

（1）柔和友好型。这样的客户是善良的、真诚的，对人很少有戒心。

在面对销售人员时会眉眼含笑，嘴角也有笑意，表现出对人的热情和好感。这样的客户是销售人员喜欢遇见的，即使生意不成，也会带着愉快的心情离开。

（2）好奇型。如果销售人员的商品有很多有趣的地方，这时客户的眼睛瞳孔便会放大，眼皮抬高，盯着销售人员或者商品仔细地看，表现出很大的兴趣。

有些商品有着奇特的功能，在制作工艺上很有技巧性，如果客户之前没有见过这样的商品，就会为商品的奇特性所吸引，并表现出惊讶。他们的瞳孔会变大，嘴巴微微张开。如果销售人员能够有效地进行引导，就会促使客户购买。

（3）沉静型。这些人眼睛的瞳孔总是保持自然状态，眼皮不动，冷静地看着销售人员，这说明销售人员的商品或者话题对客户来说不足为奇，无法引起客户的兴趣。

这样的客户一般见多识广，很有主见，而且很沉着，不会被销售人员华丽的说辞所迷惑。对待这样的客户，用真诚的服务和优秀的商品品质来打动他是最实际的。

看客户的眼色行事，重视客户的感觉和反应，从中获得关于客户内心情感的准确信息，从而把握客户的心理，这样才能够有针对性地去应对各种状况，克服不利因素的影响，获得客户的信任和喜欢，让销售顺利进行。

看人先看眼，眉目之间往往透露人心。一般情况下，无论客户如何表演、隐藏，除非是奥斯卡影帝，否则眉目之间或多或少都会反映他们当时真正的情绪、想法。

同样，在销售的过程中，销售员也需要注意自己的眼神，说话时要看着对方，而不是别的地方。也许有时候当你看着对方开始提问，或说话时对方的视线不在你身上，此时你的感觉是对方并不重视你，你的兴趣可能开始下降。不要紧，这是对方对你说的话还没有兴趣的表现。你可以调整话题，看着对方，直到对方开始注意你的谈话内容，视线也转移到你的身上，此时，你可以继续你的谈话内容。这样，你又成功地跨越了一步。

视线的一般含义：

（1）在言谈中，注视对方，表示让对方注意自己所谈的内容。

（2）初次见面时，先移开视线者，表示希望处于优势地位。

（3）被对方注视时，便立刻移开视线者，大都有自卑感或缺陷。

（4）看异性一眼后，随即故意移开视线者，表示有着强烈的兴趣。

（5）斜眼看对方者，表示自己对对方非常有兴趣，但又不想让对方识破。

（6）俯视对方者，想显示自己对对方的一种威严。

（7）视线不集中在对方，很快移开视线的，大都为性格内向的人。

销售咨询小法宝——互联网软文营销

网络软文营销，是相对于硬性广告营销而言的。它是网络新闻营销的一种，硬性广告就是直接宣传企业，宣传人物、产品或服务的新闻性通告，而软文是一种非常自然流露出企业及产品的宣传而不被大众反感的这样一种营销策略。

利用好软文营销，是一种非常省钱又非常见效果的营销方式，无论是推广品牌还是推广产品都是极好的一种方式。然而现在随着消费者对此种互联网营销模式的认识加深，消费者越来越精明，基本上软文中夹带的推广信息也都会被大众所知晓，但是只要你的软文写得够高明，消费者不反感，就仍然能够达到效果。

销售中的几种肢体语言

在销售学中，所能使用到的方法很多，专业知识、聊天技巧、心理研究等等，一般的销售员都能自然地运用这些符号。但优秀的销售员却是不断地学习更多的方法，自觉地把这些方法运用到自己的销售工作中去，也取得了非常好的业绩。

解读肢体语言，捕捉顾客信号，了解顾客心理，做出正确决策，是每个销售人员都应该具备的技能。

行为心理学家研究证明，一个人手部的微小动作，往往能将这个人的心思暴露出来。作为销售人员，应该多注意顾客手部的动作，捕捉这些动作流露出来的蛛丝马迹，从而准确地洞察和把握顾客的心理，并做出相应的决策，促成交易的完成。

我们每一个人每天都会做成千上万个肢体动作，有的是劳动、工作、运动所需要的，有的是我们身体自身的需要，而有些是一个民族的文化传统，比如：握手、拥抱、敬礼、鞠躬、抱拳等等这些肢体语言已经是礼仪的象征，你会用肢体语言表达你的思想被认为是有涵养的文明人，反之会被认为粗俗，没有礼貌，缺乏修养，会在销售中遇到不该有的麻烦。因此，肢体语言在销售工作中还是很重要的，应该学习和掌握。

什么是肢体语言呢？我个人的定义是：由头、双手、双脚在坐立行走时，所做出的动作以及呈现出的身体形态统称为肢体语言。这里只讨论肢体语言在销售中的运用，由于肢体语言太多，我只讲几个有代表性的。

1. 握手

这是我们在首次见面和告别时的礼貌动作，也是重要的肢体语言。根据不同的对象，握手的方式也不同。

对同性的长辈，要先用右手握住对方的右手，再用左手握住对方的右手手背。实际上就是双手相握，以表示对长辈的尊重和热情。

对待同龄人、晚辈、同性，只要伸出右手，和对方紧紧一握就可以了。

对待异性，特别是男性和女性握手，只应伸出右手，握住对方的四个指头就可以。有时女性对男性的反感就来源于握手，有的用力全握，有的抓住不放，都是不礼貌的，都会给对方留下不好的第一印象。

2. 手势

我们每一个人在谈话的过程中都会有不同的手势，只是有的手势是有助于我们表达的，有的则会令人生厌。在生意谈判时，最好不要出现用食指点指对方的手势，这样会让对方非常反感，也不要讲话时乱挥舞拳头，这些手势都是不礼貌的。

3. 立姿

我们在销售工作中，很多时候都需要站着和客户谈业务，可许多销售员站着不断地摇晃肩膀，不断地倒换双脚，这些动作会让客户感到你不耐烦，想尽快结束谈话，也不礼貌。正确的做法是，像军人稍息的动作，一脚稍微在前，一脚靠后为重点比较稳重，尽量不要摇头晃脑。

4. 坐姿

在拜访客户、接待客户时，坐姿是我们销售员最常用的肢体语言。由于习惯或者太过随意，有的男性销售员坐在沙发上，要不两腿伸得长长的，要不就跷个二郎腿晃来晃去，这会让客户非常反感，不礼貌不说，还很不稳重，引起客户的不信任。

有的女性销售员，也采取男性的坐姿，有的穿着裙子还张开双腿，这些也会让客户不舒服，影响形象，如果对方也是位女性，十有八九，业务谈不成。因为女性更讨厌女性的不端庄。

5.鞠躬

有的销售员到客户公司去拜访客户，看见办公室有几个人，理都不理地坐下，也是很不礼貌的，这一点我们应该向日本人学习，向大家鞠个躬，问声大家好！我想就是由于你的礼貌，其他人也会帮助你拿下订单的。

同样，我们也要注意客户的一些肢体语言，了解客户肢体语言所代表的意义能更好地让我们了解客户。

那么，如何捕捉这些肢体语言呢？

1.用手摸鼻子

行为心理学家研究表明：当一个人在说谎的时候，鼻子的神经末梢就会被刺痛，轻轻碰触一下鼻子就能缓解这种不舒服的感觉。另一种说法是，当一个比较坏的想法进入大脑之后，人就会下意识地触摸鼻子。一般而言，摸鼻子的动作对说话者来说表示欺骗，而对听话者来说则表示对说话者的怀疑。也就是说，当一个人摸鼻子的时候，往往表明对方对你的话题不感兴趣，不会和你有更深层次的接触与合作。

所以，当销售员和顾客谈话时，如果发现顾客在回答你的问题时不断地触摸鼻子，那很显然，顾客在说反话，或者只是在用客套的语气来敷衍你。这个时候，不管顾客怎么说，你心里一定要明白，本次销售失败了。如果顾客没有表示不耐烦，销售人员应该及时转移话题重新寻找新的卖点来补救。如果顾客表现出厌烦的情绪，那就下次再说吧，别再喋喋不休。

2.把手放在嘴唇上

在销售的过程中，如果顾客把手放在嘴唇上，那就表示顾客对你的产品还不是非常信赖，即便顾客会说一些将会与你合作的话，你也要及时给予顾客保证和承诺，及时打消顾客的疑虑。只有这样，你才会获得顾客的认可，达成合作。

3.用手摸耳朵

在交流的过程中，如果顾客开始用手触摸耳朵，说明顾客对你的产品不太放心，甚至不感兴趣。这个时候，你一定要聪明一点，千万不要不识时务，否则，你会遭到拒绝。当务之急是要想办法调动起顾客的兴趣。

4.用手抓脖子或者拽衣领

当顾客对你的产品或者服务不是很确定的情况下，往往会抓一下脖子或者拽一下衣领。此时，你要及时了解顾客的疑惑和顾虑，及时沟通和补救。尽管顾客一直赞同你的观点和理念，你也要明白这是客气话，事实上还不是真正的感兴趣。

5.用手揉眼睛

当顾客开始揉眼睛的时候，说明顾客对你的谈话一点也不感兴趣，此时，你要赶紧转移话题，因为顾客已经对你的陈述很反感了，如果你再喋喋不休地说下去，那必然会给顾客留下一个很不好的印象，这对于一个销售员来说是一件很糟糕的事情。

6.用手捂嘴巴

如果在交流的过程中，顾客下意识地用手捂嘴巴，说明顾客有不同的意见了，此时，你就不要不顾及顾客的想法，自己在那里独自表演，你应该及时询问顾客：“您觉得还有什么不合适的地方吗？”或者说：“请问您还有不同的想法和见解吗？”只有这样，顾及顾客的感受，让顾客把自己的想法说出来，你才能够了解顾客的想法，进而真正帮助顾客解决问题。

工作中，销售员只有多注意顾客的肢体语言，才能够了解顾客的心理，才能够及时做出正确的决策，才能够更容易获得销售的成功。

销售咨询小法宝——销售礼节

1.当和别人交谈前不知道怎么开场时，请先给对方一个笑脸。

2.当你准备和对方交流时，请先让眼睛做好准备。

3.当对方和你讲话的时候，请认真地看着对方的眼睛。

4.当你想要发怒的时候，请在心里默数10下，先让自己冷静下来；当你觉得别人让你生气的时候，换个角度看待问题，事情也许没你想的那么糟糕。

5.不要老看手机。

04

销售秘诀：说话技巧须掌握

销售代表的不仅仅是个人，而是一个企业、一个团队、一种文化，所以销售人员的素质显得尤为重要。

多读书、多实践是快速提升一个人文化修养水平的唯一途径，也是做一个优秀销售人员的基础。

修养是个人魅力的基础，其他一切吸引人的长处均来源于此。修养指的是一个人理论、知识、艺术、思想等方面的一定水平，通常也是一个人综合能力与素质的体现。良好的修养最能体现一个人的品位与价值，一个有很高个人修养的人，才最具有个性和人格魅力。

多读书提高文化修养

销售是一个不断和形形色色的人打交道的职业，一个销售的修养可以说决定了他的客户层面，换句话说，修养越高的销售能接触到的客户层面也越高，他的事业也就会越成功。

销售代表的不仅仅是个人，而是一个企业、一个团队、一种文化，所以销售人员的素质显得尤为重要。

首先从形象上来说，第一眼给别人的印象要好，穿着要大方整齐，礼貌尤为关键。

记得有次出去拜访一个客户，和我一同进门的是另一家公司的销售员，登记完毕后我们相继进入工厂，可想不到这位销售人员竟然在环境如此干净的厂区，随地吐了一口痰，确实大煞风景。且不说破坏优美的环境，更重要的是，这种不雅之举对销售人员来说实属大忌，因为你代表的是一个公司的形象，是一种优秀企业文化的传播使者。当你走在外面，随时要注意自己的一言一行，因此平时生活中文化道德修养的提升很关键。

销售人员多阅读一些优秀的励志类书籍，通过阅读可以丰富我们的视野，增加我们的文化内涵，正所谓：外秀内慧，里外兼修！销售出去要面对各个阶层的人，他们很多都是我们的“老师”，每个人身上都有值得我们学习借鉴的东西，吸取别人的精华，集各家大成于一身，好的销售人员会多去聆听，学习别人的经验，加以灵活运用。

一个人的修养包括了他的文化水平、道德素质、生活习惯等诸多方面。

所谓销售的文化水平，个人认为并不等同于学历，因为学历仅仅是某一项专业技能而已，而大多数销售所在的行业并不是在学校所学的专业。所以对于一个成熟的销售人员来讲，本行业的专业技能和文化水平要远远超越在校所学的专业技能。

一个销售人员不但要懂得丰富的专业技能，更重要的还是要懂得更多的人文知识。

专业技能是和客户建立有效业务沟通的基础，但销售人员往往不是本专业的科班出身，所以销售人员学习一定量的专业知识就显得尤为重要。

在学习过程中，除了公司的正常培训外，更多的是需要主动学习，如下渠道可以快速提高专业知识：

（1）参加公司对外的各种技术交流活动；

（2）深入研究竞争对手的产品样本或其他专业手册，从中找出产品差异；

（3）深入参与客户的设备选型或技术方案论证会；

（4）深入一线（包括生产一线和现场一线）了解设备生产、安装、运行或技术实施过程，了解整个实施过程的各个环节；

（5）独立制作标书，特别是技术标部分。

人文知识是和客户建立顺畅沟通渠道的有效保障，其主要作用是：

（1）实现对客户的有效判断；

（2）取得客户的信任和赏识。

首先，所有的客户，特别是中高端客户大多喜欢和有一定经验层次与知识水平的销售沟通，现在的中高端客户群体已不是改革开放初期的一些暴发户或某些行业的小老板，他们大多具备较高的学历和深厚的行业资源背景，他们的交流方式大多很讲方法甚至隐晦，只有具备丰富人文知识的销售才能够同他们交流，否则对方感觉鸡同鸭讲，就没有交流的兴趣了。

其次，技术型客户（如总工程师、项目负责人、运行负责人等）都具备很深的技术功底，甚至是某个行业的权威级人物，销售人员在专业技能方面很难超越对方，这就给日常交往带来障碍，那么销售人员在日常交往中和客户说什么聊什么就很重要了。

其实所有人除了工作以外都有其他的爱好，比如有爱钓鱼的、爱打球的、爱下棋的、爱喝酒的、爱喝茶的、爱旅游的、爱收藏的……那么销售人员可以从这些方面入手，多学习一些这类知识，在日常交流中会很有帮助，而且能够获得意想不到的结果。

提高人文知识的修养无非是读书和实践两种渠道。

第一，读书是关键的一个环节，个人认为“不求甚解，但会其意”和“旧书不厌百回读，熟读深思子自知”两句话道出了读书的真谛，读死书和蜻蜓点水都是不可取的。

那么读什么书呢？如果是在中国做销售，个人推荐史书和《毛泽东选集》。因为博古方可通今，《二十四史》等书道出了中国人的人性起源和行为方式的变迁，从这些书中可以看到中国人的根，同时也不妨涉猎一些古典小说，大家熟知的可能只有四大名著等少数一些，但流传下来的中国古典白话小说至少上千部，这些书籍中也反映出很多的中国式思维。毛泽东是中国近现代唯一一个能够统一中国意识形态的伟人，从《毛泽东选集》中可以学习到很多同中国当代人打交道的方式方法。当然要想从这些书中学到真东西，就要有“百回读”的精神。读书是快速提高人文知识修养的唯一途径。

第二，实践是掌握一些兴趣爱好的快速途径。

一个销售人员必须初步掌握以下几个方面的基础知识：品酒、品茶、旅行（起码了解国内各地风情）、收藏（起码了解书画、玉石、瓷器、木器等品类中的一到两种）。当然有条件的可以涉及高尔夫、奢侈品等方面。要想掌握这些兴趣爱好，首先也是读一些基础入门的书或文章，当然更多的是去实践，比如参加一些品酒会、常去和一些茶叶店老板喝喝茶、多出去走一走等等，当然做这些是需要一定的投入，但这些投入是为了提升自身修养和品位的，所以是一个销售所必需的投入。

多读书、多实践是快速提升一个人文化修养水平的唯一途径，也是做一个优秀销售人员的基础。

案例：面对大客户，心里紧张，不知所措怎么办？

我的同事蓝小雨经常说，大客户也是人，人有七情六欲，有喜好的和不喜好的东西。你应该花更多时间，通过各种途径，了解你的大客户的喜好和厌恶，掌握客户喜欢什么。那么你想接触他是不是应该从他喜欢的事情入手呢？别一上来就跟大客户套近乎，那明眼人也看得出来你另有目的。

总结：

1.寻找客户的喜好，途径有接近大客户生意上或者生活上的朋友、亲戚或者家人，搞好关系，从中获取客户第一手资料。

2.了解客户平时喜欢在哪里扎堆，然后研究客户的喜好并且以这个作为你认识客户的契机，这样跟客户的发展就会变得很自然。

3.言行谈吐、装扮都要得体，尽量往大客户喜欢的类型来调整自己，要给客户一种舒服、良好的形象。

4.多读书，对事情有自己独特的见解，提高自己的文化修养，有钱的大客户普遍都喜欢文化人。

那么一个销售人员如何提高自身修养呢？爱迪生说过一句话：世界上没有真正的天才，所谓的天才就是99%的汗水+1%的灵感；著名的推销之神原一平也说过一句话：销售的成功就是99%的努力+1%的技巧；乔·吉拉德也说过：销售的成功是99%的勤奋+1%的运气。那么如何做一名好的销售呢？

1.学习所销售的产品知识、本行业知识、同类产品知识

这样知己知彼，才能以一个“专业”的销售人员的姿态出现在客户面前，才能赢得客户的依赖。因为我们也有这样的感觉：我们去买东西的时候，或别人向我们推荐产品的时候，如果对方一问三不知或一知半解，无疑我们会对要买的东西和这个人的印象打折扣。我们的客户也一样，他们希望站在他们面前的是一个“专业”的销售人员，这样他们才会接受我这个人，接受我的公司和产品。

2.学习、接受行业外的其他知识

像文艺、体育、政治等知识，我们都应不断吸取。比如说，科比退役了，这些都是与客户聊天的素材。哪有那么多工作上的事情要谈，你不烦他还觉得烦呢。工作上的事情几分钟就谈完了，谈完了怎么办，不能冷场啊，找话题，投其所好，他喜欢什么就和他聊什么。

3.学习管理知识

这是对自己的提高，我们不能总停在现有的水平上。你要对这个市场的客户进行管理。客户是什么，是我们的上帝。换个角度说，他们全是给我们打工的，管理好了，我们的销售业绩就上去了。

4.勤拜访

一定要有吃苦耐劳的精神。业务人员就是“铜头、铁嘴、橡皮肚子、飞毛腿”。勤拜访的好处是与客户关系一直保持良好，不至于过几天不去他就把你给忘了。哪怕有事亲自去不了，也要打电话给他，加深他对你的印象。

修养是个人魅力的基础，其他一切吸引人的长处均来源于此。修

养指的是一个人理论、知识、艺术、思想等方面的一定水平，通常也是一个人综合能力与素质的体现。良好的修养最能体现一个人的品位与价值，一个有很高个人修养的人，才最具有个性和人格魅力。当今，市场经济把每个人都推向市场，利益驱动越来越影响人与人之间的关系，虽然如此，非功利因素在建立健康和谐的人际关系中依然显得非常重要。一个人面对挫折的乐观程度、情绪控制能力、认识他人情感能力以及交往能力等，都是自身修养的重要内容。它对加深沟通交流、提高人格魅力有着举足轻重的作用。

或许还有人不懂得什么是修养，修养是文化、智慧、善良和知识所表现出来的一种美德，是崇高人生的一种内在力量。讲究情操修养，是我们中华民族的好传统。我国古代就有“修身、齐家、治国、平天下”的说法。要提升自己的人格魅力，就必须从塑造自身的形象开始。

为什么有些人在说话、举手投足，微笑或者问候，甚至是接听电话时都会给人一种很美妙的感觉，而有些人则恰恰相反？这里面关系到一个人的修养问题。从内心深处，我们每一个人都很欣赏这样的美。这种美，并不一定外表长得很好看，并不一定拥有一块名牌手表，或者一副很好的嗓子。“金玉其外而败絮其中”终归是不行的。但是，有很高修养的人最容易在普通人中脱颖而出，这就是个人魅力所在之处。

一个人的魅力体现在修养上，而修养通常来自细节。行为养成习惯，习惯形成品质，品质决定魅力。从身边的事做起，从细微处着手，学会识大体，不拘小节，从自己的一言一行开始，努力提高个人综合素质，以营造和谐环境，从而成就自己的魅力人生。

以“我们”说话，更容易提高出单率

做销售最多的就是和客户打交道，很多刚入行的销售都要在老手的带领下才敢和客户见面，不然见到客户都不知道说什么，难免会遇见一些牙尖嘴利的客户，有问题不怕，最困难的是如何解决那些问题，与客户交流结结巴巴的怎么能行呢？同样在与客户交谈时，你认为客户听到你说“你们”舒服还是听到“我们”舒服？

下面给大家介绍下和客户见面时该怎么说，说什么。

1.初次见面的客户

第一，和客户见面之前一定要做一个全面的了解和专业话术的积攒，一定要准备属于自己的话术，什么样的开场白更吸引客户、打开话题，让客户更愿意和我们交流。

销售话术可以分为一分钟、三分钟、五分钟、十分钟这些，很多销售却从来没有准备和构想过，与客户聊天的时候不知道说什么，影响专业水准，导致很难成交。

第二，见面的时候，五分钟左右时间聊产品，其余的聊聊兴趣爱好，拉拉家常，建立良好的印象和增加信任感。如果一味地讲解产品，可能有的客户会有一些反感，从而失去耐心。

第三，如果聊天遇见很尴尬的时刻，不知道聊什么，除了微笑、问好之类的，把话题岔开去，对客户来说也很好，然后随着问题的延伸可以是家庭、工作、兴趣爱好等等。和客户聊开了，他也就愿意和我们讲了。

初次见面一定要多拉近关系，建立信任感，而不是推销产品。互相增加印象，当客户有需要的时候，第一时间想到的是你，那么你的目的就达到了。

2.多次见面的客户

第一，多次和客户见面，说明客户对你不反感，我们要把准备工作做好，在最短的见面次数内赢得客户的信任。

首先公司资料、产品文档一定要多看，准备好资料，因为这就是我们的谈资，了解客户信息，和客户就会聊得开。有条件的情况下可以准备录音笔，录音笔可以很好地把聊天环节录下来，回去的时候对于不明白的点可以重复听。很多客户和场合不太适合录音，所以自己把控就好了。

其次就是自己的着装、精神状态等，如果要送礼，把礼物带上。

第二，准备工作做好之后，就可以进去了。微笑是人类的通用语言，简单地问候，把问题抛出去，让客户聊，咱们先听一听。这个时候注意了，要把客户引导到我们的产品上面来，比如灌输产品的理念、文化色彩等。

第三,一定要注意的是客户对于产品的拒绝话术，客户的疑问、担心一定是我们提前想好怎么解决的，而不是临时想出的解决方法。你可能会问了，我怎么知道客户会问什么问题，会拒绝哪些问题？对于一些有经验的销售来说，肯定是有备课的，并把解决问题的步骤熟背下来。不知道客户会问什么，那我们就通过设想，把所有的问题都写出来，并一一加以解决。

不管是初次见面还是多次见面，一定要记住搞定客户关系，关系好了，生意就好谈了。

下面介绍一下销售人员与客户拉近关系的 4 个方法。

1. 模仿客户的说话速度

视觉型客户偏重于使用眼睛来接收各种信息，是以看到的画面来进行理解的。因为眼睛看的速度是非常快的，于是在形容自己看到的各种信息时，视觉型客户的说话速度就会非常快，而且声音也会比较大，怕别人听不清楚，同时为了方便别人的理解，视觉型的人还会使用手势等动作来配合，肢体语言很丰富，属于那种比较容易激动的人。

听觉型客户主要以听到的语言和声音来作为判断理解信息的工具，不过因为听的速度总是没有看的速度快，也没有眼睛看来得那么直观，因此听觉型客户的说话速度会比较适中，为了方便他人的理解，表达某种观点的时候也比较具有条理性，同时为了表达语句中的不同含义，说话的声音会显得比较抑扬顿挫，声音变化比较丰富。

感觉型客户则和上面的两种类型完全不同，他们主要是以自己的感受来进行理解，因为要产生内心的感受，就需要有一定的时间去亲身体验或者思考，所以感觉型客户的说话速度会比较慢一些，同时因为要配合他们脑中的思考逻辑，所以讲话的时候停顿也比较多，有时候甚至有点吞吞吐吐，声音也会比较低沉，显得好像若有所失，做起事来小心谨慎，为人很沉稳。

不同性格模式的人有不同的说话速度，视觉型客户讲话速度比较快，销售人员的讲话速度也应该比较快；感觉型的客户说话速度就慢许多，销售人员的说话速度也就应该随之放慢许多。

举个例子来说，如果你是一位视觉型的销售人员，今天却遇上了一位感觉型的客户，你激动万分，以飞快的速度和他讲话，告诉客户你的产品的优点在哪里，只怕你讲完之后，客户因为要对每一点进行逻辑思考，结果都没有听全你在讲什么。你必须和你的客户一样，放慢自己的说话速度，慢慢来，虽然这样会让你觉得自己有一种晕晕乎乎的感觉，但是客户却听得很舒服，有遇到了知音的感觉。

相同的道理，如果你是一位感觉型的销售人员，却遇上一位视觉型的客户，你用一种慢悠悠的速度和客户沟通，还不时停顿停顿，只怕那位视觉型的客户会非常着急，沟通效果自然也不会好到哪里去。

2.模仿客户的表达习惯

当客户理解了某种信息或者想要表达某种观点的时候，必须通过语言表达，客户所使用的语言是由不同的文字组成的，不同类型的客户有属于自己的不同的说话方式和常用语言文字，销售人员要学会模仿使用客户常用的语言文字，这样对方就很容易理解你想要表达的含义。

视觉型客户偏重于使用类似于与“视”有关的语言文字，比如“看看”“浏览”“清楚”“漂亮”“活泼”“角度”“坦率”“动人”“展示”“外观”“想象”“出现”“描绘”“前景”“明白”“焦点”等。大家可以看看下面这句话，就是针对视觉型客户所应该使用的语言文字和说话方式：“您可以‘看看’这封计划书，它上面已经‘描绘’出了所有应该‘注意’到的细节，您还有什么不‘清楚’的地方吗？”

听觉型客户的语言文字当然是和“听”有关的，比如“听到”“意见”“共鸣”“询问”“逐字逐句”“讨论”“说说看”“叙述”“单调”“口气”“安静”等，就像下面这句话：“您先‘分析’一下，然后我‘听听’您的宝贵‘意见’，再就共同‘关心’的问题‘讨论’一番。”

感觉型客户的语言文字则是和“感觉”有关的，比如“觉得”“体谅”“掌握”“感受”“抚摸”“忍受”“严重”“生硬”“痛苦”“开心”等，比如下面这句话：“您‘觉得’这封计划书‘抓住’重点没有？如果有您感觉不‘舒服’的地方，请多‘包涵’。”

如果销售人员与客户所使用的语言文字差别太大，你就会“看不到”客户所“描绘”的“现象”在哪里，客户也“感觉”不到你的“专业性”和“诚意”。

除此之外，销售人员还要仔细听出客户经常使用的口头禅和常用术语，并将这些客户的口头禅和常用术语加在你的语言之中，客户就会感觉到很舒服、很亲切。

我曾经见过这样一位销售人员，他可以讲十几种方言，让人钦佩万分，比如湖北话、四川话、河南话等，因为他的客户来自全国各地，所以每当他打电话到不同的地区，都会用当地的语言和客户沟通，“老乡见老乡，两眼泪汪汪”，客户会油然而生一种亲切感，也难怪他的业绩会那么出色。

3.模仿客户的肢体动作

专业的调查分析结果表明，人与人之间的沟通，文字只占到了7%的影响力，另外有38%是由你说话的语气和语调决定的，而最重要的55%的影响力则来自你的肢体动作。因为我们总是喜欢在意别人做什么，而不是别人说什么。所以模仿客户的肢体动作，就显得非常重要了。

就以我们常见的握手礼仪为例，视觉型客户握手的时候力度非常大，假如握手的时候你的力度太小，则会让客户感到你不够热情、不够信任他。

而听觉型客户握手时则喜欢蜻蜓点水，甚至只会伸出两个手指头来，那么你最好也只伸出两个手指头，与他轻轻一碰，保证你们会产生共鸣。

我见过的最有意思的握手是有一次到东北，那位培训公司的老总伸出两只手，紧紧地握住我的双手上下来回晃动，整整持续了3分钟之久。虽然我配合他的动作显得太雷人，不过仅仅握了一次手之后，他就视我为知音了。

4.模仿客户的情绪

许多销售人员认为，见客户的时候要有一种兴奋感，将自己的情绪保持在巅峰状态，但是有的时候为什么效果不是很好呢？关键在于客户并不是每时每刻都和你一样，需要一副快乐的样子，人是一种情感动物，时而快乐、时而忧伤，这是很正常的事情。

很多时候我们做销售不仅要推销产品，更多是推销自己，把自己推销出去了，得到了客户的认可，这样你还怕没有订单吗？就算没有订单，至少你多了个朋友。

当联系到客户的时候，和他们的主线联系是产品，如果一开始就和别人聊感情、聊人生，别人会觉得你是神经病。聊产品不是盲目地聊，这是我们打通和客户交流的唯一缺口。

首先我们得忘记我们的身份，我们得站在客户的角度想问题，像对待朋友一样真诚地为他们考虑，什么是适合他们的产品，什么产品最好，订多少合适，不要想着我现在是在做销售，我需要推销更多的产品出去，因为当你成功营销了第一次，你就需要想着怎么才能更好地营销第二次，而不是让客户成为你的一次性客户。当产品的介绍拉近了与客户的关系时，也不要高兴得太早，接下来就是和他们谈人生、聊理想的时候了，让客户从你不凡的谈吐和得当的举止、与生俱来的气质中看好你、信任你，愿意主动和你成为朋友。当双方成为朋友，感情进一步提升时，也不要急躁地谈订单或是催单，这会让客户否定你之前所做的所有努力，以为是你的虚情假意。若能做到让客户主动和你谈订单，那么这将是一次非常成功的销售。

做到把客户当朋友，就要像朋友一样对待他，节假日、闲暇时发发短信，打打电话，必要的时候聊聊自己，对对方敞开心胸，因为朋友是相互的，你不能永远当一个倾听者，他也不能永远当诉说者，这会让他觉得你对他根本就是应付，他说得无味，你听着也索然。当你遇到困难也可以找他诉说，促进感情的交流。

发短信也是有技巧的，很多做销售的都有这样的情况，节假日的时候，从网上或是其他地方弄一条祝福短信搞个群发，管你是谁，都一样。但是这样收效甚微，因为在节假日他们收到这样的短信太多，以致麻木，有时候甚至会收到不同的人发来的一模一样的短信，对于这些估计他们理都不想理，更别说回复短信了。所以每当我们发送出几十条，甚至几百条短信出去的时候，都收不到几条回复。对重要的客户能自己编辑短信更好，不能自己编辑短信，那么麻烦在短信前加上个称呼，关系稍微好点的可以直接叫名字，再带上自己的祝福，署上自己的名字，让客户感觉得到重视。

让我们一起看看下面这个案例：

小韦是一家电器公司的销售员，有一天他登门拜访一位客户。

“您好，我是××公司的销售员，我叫韦××，我们公司新推出了一款家电设备……”

还没等他介绍完，就遭到了客户的断然拒绝。如果你是客户，听到这样千篇一律的介绍，是不是也会感到厌烦呢？

后来小韦了解到这位客户十分喜欢花，她自己种了很多花，还向外出售。当他再次拜访客户时，就换了一种方式。

小韦：“您好，真不好意思，又来打扰您了……”

话还没说完，客户就下了“逐客令”。

小韦马上解释道：“我这次来不是向您推销电器的，听说您是养花专家，我母亲也喜欢花，所以想从您这里买几盆送给她，顺便再向您请教一下养花的技巧。”

听完之后，客户的脸色稍微有了一些缓解，她带小韦来到了花房。

“这么大的花房，这么多的鲜花，太震撼、太漂亮了！您真了不起啊！”

客户听到这话满脸带笑，一边带他参观，一边为他介绍养花的技巧。两个人谈得越来越投机，最后还谈到了电器对花房温度和湿度的控制。

一个星期之后，客户向小韦送去了一份很大的订单。

第一次碰壁之后，小韦很快吸取了教训，亡羊补牢，终于在第二次见面时迅速拉近了与客户的关系，打开了客户的心扉。

从上面的例子可以看出，销售人员在为客户介绍产品之前，适当地和客户说一些拉近彼此关系的话，制造出一种一见如故的氛围，让客户对你产生好感，有利于之后的产品销售。

销售咨询小法宝——RSS营销

RSS营销又称网络电子订阅杂志营销。RSS营销的特点决定了其比其他邮件列表营销具有更多的优势，是对邮件列表的替代和补充。

使用RSS的以业内人士居多，比如研发人员、财经人员、企业管理人员等，他们会在一些专业性很强的科技型、财经型、管理型等专业性网站，用邮件形式订阅公司的杂志和日志信息，满足自己了解行业信息的需求。

说话逻辑十分重要，先说商品后说价

在很多商场，很多导购，顾客进门第一句话他就说错了。一般的导购看到顾客第一句话就是："你好，欢迎光临。"其实这句话说错了。

第二句话说错的人就更多了。"您想要点什么？"这句话又错了。

"有什么可以帮您的吗？"

"先生，请随便看看。"

"你想看个什么价位的？"

"能耽误您几分钟时间吗？"

"我能帮您做些什么？"

"喜欢的话，可以看一看。"

以上是几种常见的说法，但都是错误的说法，开始你就错了，好的开始是成功的一半，那么错误的开始也是失败的一半。

我们可以想一下，顾客听到这些话，会怎么回答你呢？基本上一句话就可以把你搞定，那就是："好的，我随便看看。"怎么样？听着熟悉吧。

你怎么接话呢？很多导购说："好的，您先看，有什么需要可以随时叫我。"然后顾客看了一圈出去了。再想见他不知道何年何月再相逢了。

如果这笔销售不在你那里产生，就在别人家产生，那么你就失去了一次挣钱的机会，可能你小孩的衣服就成了别人小孩的衣服，你小孩的书包就成了别人小孩的书包。

现实就是这么残酷。

所以一个好的开场白是把顾客留下的首要条件。选择你的开场白，让你的顾客停留，一般第一句话应这么说："您好，欢迎光临×××专柜。"把你的品牌说出来，因为顾客可能是在商场瞎逛，可能路边的店有很多，他只是进来看看，可能并不知道你家的品牌，这时你要告诉顾客你家的品牌。

还有一个原因，就是你要当着顾客的面，在他耳边做一遍广告，这种广告效果比电视上、平面上的效果要强很多倍，因为是你真切地告诉他的。他可能今天不会买，但当他想买的时候，他的耳边会隐隐约约有个声音响起："×××专柜"，就会想到你。

第二句话，要把顾客吸引住，让他停留下来。怎么才能把他吸引住呢？那就是给他一个留下来的理由。

女孩子嫁给男孩子，也要有个理由的，哪怕这个理由很牵强。

"嫁给我吧。我给你2000万。"这就是一个理由。

第二句话一般这么说："这是我们的新款。"人对新的东西都喜欢看看，这是人的本性，只是这个"新"没有突出，那么我们就要用形象的方式把新款突出来。

第二种说法："我们这里正在搞×××的活动。"用活动来吸引顾客。但千万别这么说："我们这里正在搞活动。"因为现在每家都在搞活动，搞活动的太多了，顾客已经麻木了。这就需要我们把活动内容说出来："我们正在搞满3000元去马尔代夫的活动。"这样顾客就感兴趣了，会注意听你话的。

第三句话怎么说？很多导购，包括以前的我也是这样说的："您好，欢迎光临×××专柜。我们这里正在搞满3000元去马尔代夫的活动。"马上第三句又变成了"您愿意了解一下吗""我能帮您介绍一下吗"这种错误的语言。你这样问顾客，客户的回答又回到了原点，"我先看看吧""不愿意，不能"，统统被顾客拒绝掉。我通常把这种导购称为多余的礼貌。本来人家已经被吸引了，你又让顾客多了新的选择，给了顾客拒绝的机会。

一个男人在公交车上被一个女孩子打了两巴掌，别人问他为什么会被打，他说："我看她背后的拉链没拉，我帮她拉上了，她转身给了我一巴掌。她打我，我还以为她喜欢不拉拉链，然后我又把她背后的拉链拉下来了。谁知她又给了我一巴掌。"这个男人犯的错误就是多余的礼貌。所以第三句话应直接拉过来介绍商品。这么说："我来帮您介绍。"直接拉过来，别问顾客愿意不愿意，别问顾客能不能介绍。他既然已经被你吸引过来了，就是想了解，你一问，他又觉得麻烦了。

其实好的开场白跟自己说话的逻辑性有一定的关系，那么如何培养自己说话的逻辑性呢？

好的逻辑就是一串多米诺骨牌。

抗战时，有一个叫浦熙修的新闻记者，在重庆机场采访，看见宋霭龄走下飞机，怀里抱着一条狗，身边跟着一群狗。她转眼又看到商务印书馆总经理王云五先生没有接到他的夫人，失望而归，因为香港沦陷后，大批官员家属逃难，导致飞机票一票难求。为了避开新闻审查，浦熙修把这条"负能量"的新闻变成两条中性消息，"宋霭龄带着一群狗下飞机"和"王云五没有接到夫人"一起见报，立刻引起舆论哗然。

所谓逻辑性，就是在两件事情之间建立因果关系。好的逻辑就像多米诺骨牌，看上去是一个个独立事件，但只要第一块倒下，其他的也随之倒下。

试比较下面三个人说的三组句子。甲：销售额增加了10%，客单价平均增加了20%。乙：随着客单价平均增加了20%，销售额增加了10%。丙：客单价平均增加了20%，而销售额仅增加了10%，说明新增客户呈下降的趋势。

一眼就能看出，这三句话的逻辑性一句比一句强。分析原因，甲只是说了两件事，乙点出了两件事的时间关系，而丙为两件事建立了新的因果关系。即使丙结论是错误的，管理者也会觉得，这个年轻人只是缺点经验，重要的是肯动脑子。

为什么点明两件事的因果关系，在一家企业里如此重要呢？因为大家都需要安全感，都想从过去的事情中，发现未来的方向。

所谓逻辑性，其实是人类的自我心理暗示：为什么王云五夫人没有坐上飞机？是因为宋霭龄的狗把位置占了吗？浦熙修没有说，但她相信，大家会把这两条信息看成是一条新闻，因为人类的思维离不开因果关系。

我们相信“万事皆有因，有因必有果”，找到原因和结果，管理者才能睡得踏实，下属才能服你管。我们常常说某人的逻辑性强，就是说他建立的这个因果关系，对未来的行为有指导意义，用一块小的多米诺骨牌，最后推翻了一块大牌。而逻辑性差则刚好相反，常常是这三个字：想当然。

你为什么总是“想当然”

新人Jimmy告诉管理人员一个刚收到的消息：“头儿，刚才客户说这一周的时间另有安排，所以原定的会议取消了。”但管理人员立刻听出了这句话的问题，于是第一反应是消除歧义：到底是“会议延期未定”，还是“真的取消了”。这是什么意思呢？如果只是“客户本周时间另有安排”，就只会造成“会议延期”的结果；如果真是“取消会议”，那一定是另有原因，也许是一次偶然的事件，也许就是一次危机的开始。而Jimmy代表了“想当然”的逻辑性缺乏症状：既然客户本周另有安排，那取消会议应该是正常的吧。“想当然病”用统计学的术语就是：相关性不代表因果性。

什么意思呢？列举一些职场上常见的会被打脸的例子吧：

“去年我们更换了logo之后，销售就回升了（相关性），我建议我们再换一次logo（因果性）。”

“我每次经过前台，她都会对我笑（相关性），她是对我有意思吗（因果性）？”

得了“想当然病”的原因，一个是自我定位有问题，觉得与我无关；第二是害怕思考出错；第三是没有耐心，没有这个习惯。

对付“想当然病”，最好的方法就是“苏格拉底式”的提问，就是把概念的内涵外延、概念与事实关系等等，一一问个明白，比如：

崔永元：转基因食品危害极大！

苏格拉底：你指的“转基因食品”具体指什么？危害是指什么？如何认定两者的关系……

“苏格拉底式”的提问有四个方向：第一是问本身，“这是什么”；第二是往前多问几次“为什么”；第三是往后多问几次“所以呢”；第四是往两边多问几次“还有别的可能吗”。好了，逻辑的科学部分就说这些，下面我们要换一个角度，一个不那么科学的角度，看待日常工作中的“非形式逻辑”。

好的逻辑不一定是最科学的逻辑

周鸿祎在推出360路由器时说：“我的新版路由器有两根天线，我还会出一个四根天线的路由器。几根天线其实不重要，重要的是让用户感知到（信号强），而且符合他的常识。”这段话说明了什么？周鸿祎明明知道“路由器的信号”与“天线数量”无关，但他却不断暗示用户，“路由器的信号好”和“四根天线”存在因果关系，因为这一点符合客户经验。

再回头想想之前的例子，为什么管理者立刻就觉得有问题，而新人一定要反复问几个“为什么”才能得到正确答案呢？现实生活中，我们遇到的都是非形式逻辑，不光靠推理，还要靠经验归纳，管理者见识得多了，才能下意识就判断有问题。

日常工作中，逻辑的结论不要求像科学实验那么严密，但对于沟通的要求却非常高，首先要考虑这个逻辑，别人能不能理解。好的逻辑通常不一定是最科学的，但一定是最有针对性、最能打动人的。

最有针对性的逻辑和最能打动人的逻辑

电影《天下无贼》在审查时遇到了麻烦，不通过的理由是：怎么能把贼说得那么好，还让他做主角呢？这会让人有模仿的念头。冯小刚原本的逻辑是：因为我讲的是一个好贼，所以电影的主题是正义的。这个逻辑是不错，但不能解决电影审查的“社会影响”逻辑。后来王朔给出了个点子：把结尾改成女贼怀了孩子，在庙里祈祷，孩子将来不再做贼。最后电影顺利过审。王朔修改的逻辑是：就算是好贼，也不希望子女再做贼，所以消除了坏影响，也就绕开了电影审查的逻辑。这就是一个针对性强的逻辑，放下自己的想法，想想对方的担心是什么，对什么感兴趣？再想想自己有哪些针对性的解决思路。

下面再举一个打动人的逻辑的例子：武则天有一段时间想立自己武家的侄子武承嗣为太子，宰相李昭德当然要代表大臣们表示反对，但他的理由很聪明，既不是天理人伦等等大道理，也不是大家不服、天下不宁这些利弊分析，而是一个很简单的将心比心：“侄子日后当了天子，有把姑姑请进宗庙的可能性吗？”李昭德的这个逻辑从道理上讲，未必很严谨，立太子是立太子，享宗庙是享宗庙，这是两件事，女人可以当皇帝，为什么就进不了宗庙？但效果却立竿见影——“后乃止”，因为这个逻辑很符合武则天此时的心态，她要开始考虑身后事了。

逻辑能力不是一件简单的事

逻辑性是个大话题，这篇文章只讲了思维的逻辑，但很多人思考时思路流畅，沟通起来，却前言不搭后语，这就是逻辑能力的第二个层面：沟通的逻辑性。

还有时候，我们明明感觉不对，竟无言以对，还是被人以强大的逻辑说服了，事后发现果然上了当，这就是逻辑的第二个话题：逻辑陷阱。

此外，很多大公司出来的人，说起话来一套又一套，但解决实际问题的能力却弱爆了，这又是一个话题：逻辑本身的局限性，导致逻辑能力强的人，往往创新能力弱。

如何锻炼逻辑思维

所有人都应该从生活常识本身培养自己的逻辑思维能力。就像麦肯锡方法中，“日常锻炼逻辑思维的 7 个习惯”：

（1）把问题的前提考虑得更具体些；

（2）警惕大家一致的看法；

（3）擅于联想到其他事情；

（4）区分事实和想象；

（5）多问“苏格拉底式”的问题；

（6）小心那些抽象名词；

还有最重要的第 7 点：让嘴永远动得比脑子慢一拍。当我们一心想着用最快的办法来解决问题时，问题的根源还在原地嘲笑我们。

销售咨询小法宝——SNS营销

SNS营销就是社区网站营销，常见的社区交友网站有：人人网、朋友网、开心网等。

这些平台在早前互联网兴起的时期，是非常受大众欢迎的，现在虽然人们的眼球已经逐渐被微信吸引，但是这样的社区交友和分享平台仍然能够发挥它的作用。它是利用网站的分享和共享功能实现的一种营销。

出现冷场，用幽默打动客户

最近总是有很多人跟我说："我也知道谈话不能冷场，但总是在谈的过程中慢慢就冷场了，没话说了。"所以本节着重讲一下销售人员如何在谈话过程中不冷场。

1.新手销售员跟客户突然没话可说的时候怎么办

（1）给客户讲完准备好的产品资料。前提是一定要事先准备好资料，资料可以是项目或者公司介绍。

（2）谈谈客户的爱好。交谈的过程就是一个找共同点的过程，找到客户有兴趣的话题，这样客户才愿意跟我们沟通。如果是我们的新客户，初次见面说话要谨慎，不要什么都谈，因为我们还没摸清客户的喜好。

2.要去拜访客户之前，有哪些准备工作

（1）首先就是衣着、语言、心理方面，永远不能给客户第二次第一印象，第一印象会一直影响第一次拜访至谈话结束。假如我们是卖保险的，那穿着随便，客户会认为我们不专业，所以要充分准备好见客户，给对方留下良好的第一印象。

（2）把握好对客户的态度，就是不成交，还有"买卖不成情义在"，不要听说客户不需要就不知道当时接什么话了，把握好分寸就好。

3. 有什么话是一定不能说的

（1）销售员不要说“一般、也许、可能、似乎、基本上、不一定”之类的词，如果换成“当然、是的、对的、一定的、放心吧”，一定会增加成交的概率。新手如果实在没法回答客户的问题，可以说“您问的问题真专业，问题我先记下了，我回去问问经理再给您回复”。

（2）有个别喜欢说脏字口头语的销售员一定要注意，可能你习惯了，说出来没感觉，但客户听了会不舒服的。

再有就是咱们在销售的过程中需要跟客户长时间沟通时，如果在没了话题的情况下，或者谈判中场休息的话，可以找个事先或者之前看到的幽默故事给客户讲讲，一来缓解气氛，二来增进与客户之间的感情；我们准备的小故事可以跟我们销售的产品有关，或者是真实的故事，前提是一定要有代入感。

做销售，我们经常不能和客户愉快地聊天，不知道跟客户聊什么话题，客户喜欢的话题我们又接不了口，缺乏行业的知识来和客户对话。如果聊我们的销售呢，客户又会厌烦，听你滔滔不绝说一两个小时，客户只回一句:“我先考虑考虑吧”，又把咱们赶走了。这样既占用客户时间，又浪费了自己的精力。

我们怎么样才能跟客户愉快地聊天呢?

第一，和客户聊天，怎样找到客户喜欢的话题呢？第一次拜访客户，咱们只用一小段时间来销售我们的产品，其他时间我们和客户聊聊轻松愉快的话题。比如客户是哪个行业的，我们之前就上网寻找行业知识记下来，有了共同的话题，客户才会聊得愉快。

第二，没时间准备行业知识，那你有时间准备客户籍贯的知识吧！咱们收集一些客户家乡的地理历史、风土人情，聊着这个，把客户的兴趣吊起来了。

第三，行业知识和客户家乡知识都没准备，不用急，咱们聊聊客户的孩子。搜集一批当前的顶级学习方法和提高记忆力的方法，和客户聊聊或者汇集成册送给客户，客户看我们如此关心他们的孩子，反过来就会关心我们的生意啦。

在我接触的客户中，什么话题都有，星座呀、车呀、明星呀、吃呀、喝呀等等，不尽相同。但是，我总会在离开客户办公室的第一时间拿出小本，记录拜访时间、拜访天气、客户谈论话题、所提问题、需求、插曲、心情、客户特点、籍贯、爱好、办公室布局、办公桌上的摆设、新发现、衣服款式、自我表现、健康状态等内容。下次见面之前，掏出来温习，找个机会夸奖客户有一次穿的那套衣服如何有品，把人家说得心花怒放，笑脸盈盈。客户不笨也不傻，印象不深刻，谁能说得那么准呢？有个好话题暖场，后面自然好谈，上次没说完的话题可以继续说，上次没回答好的问题可以继续答。

做销售，掌握和了解客户的信息越多，咱们就对客户越熟悉。做销售一大禁忌就是一上来就向客户推销产品，客户对你还没有信任度，自然不会相信你的产品。说得越多，客户越厌烦。开不了单的原因之一就在于，客户不开心了。

还有一句话，开单＝人情做透＋利益驱动。用一个好话题暖场，是打破与客户关系的第一步，除此之外，还有做人情和利益驱动。你想，与客户成了好朋友是不是容易做销售了？

作为销售员，与客户交谈过程中，怎么才能保持不冷场呢？

（1）有礼貌地招呼与应酬，不要滔滔不绝，要给对方说话的时间，产生交流感，不是一味地当听众或当演说家。

（2）谈一些与业务无关的话题也是很好的交流方式，这也是使对方对你尽快熟悉起来的最好方式。

（3）不要过分夸奖客户，避免给对方留下虚假的印象，使合作概率减小。

“去拜访客户，说明来意后，下面我就不知道该说些什么了。”

“客户对我的谈话不感兴趣，对我态度冷淡，让我站也不是走也不是，十分尴尬。”

销售人员拜访顾客经常面临以上的困惑：除了谈销售政策、交易条件、与客户讨价还价外，还应说些什么好呢？

销售人员每一次对客户的拜访，不可能都是只谈交易细节。销售活动不是机械运动，谈交易之外的一些话题，也能促成销售。

（1）引起客户的注意和兴趣。

客户不会放下手中的所有工作，专心致志地听销售人员的介绍。销售人员必须用某种话题，引起客户的兴趣，把注意力放到你的身上。

（2）向客户推销自己，赢得客户的好感和信任。

通过某些合适的话题，赢得客户认可。

然而，许多销售人员常犯的错误表现在三个方面。

错误一：

销售人员见了客户直奔主题，直截了当地向客户推销产品。对此，日本著名销售专家二见道夫评论道：“一开口就谈生意的人，是二流业务员。”

错误二：

销售人员采用迂回策略，见了客户一通神聊，天南海北、云山雾罩、不知所云，浪费客户的宝贵时间。

错误三：

还有一些销售人员，见了客户说明来意后，便不知再说些什么，无话找话，引不起客户的兴趣，自己也备感尴尬。

失败有原因，成功有道理。在商言商，生意人要说生意话。销售人员去拜访客户时，有许多合适的话题能促进销售。以下 10 类话题，可以让销售人员既能引起客户的注意和兴趣，又能打动客户，赢得客户的好感。

1. 谈客户的销售情况

销售人员可以询问客户公司的销售情况：销售形势好，好在哪里；销售形势不好，问题在哪里；客户公司经营的产品中，哪个卖得好；客户最近有什么计划，有什么打算……

2. 谈自己公司的情况

销售人员要成为企业的吹鼓手，多向客户传递公司积极和正面的信息。客户不仅要对产品抱有信心，而且要对企业抱有信心。当客户觉得你的企业有实力、有发展前途时，自然也就有合作的兴趣。

所以销售人员要多给客户介绍公司的情况，包括公司制订的新的发展目标；公司新生产线的投产；公司新引进的设备；公司技术发明情况；公司管理能力的提升，如最近通过了 ISO9002 认证；上级管理人员到公司视察；公司管理人员被评为劳动模范，或选为人大代表、政协委员；公司最近在哪些区域市场运作非常成功；公司下一步在营销、管理上将会推出的大动作；公司对客户的利好消息……

3. 谈产品情况

公司新产品的研发情况；公司准备推出什么新产品，产品优点、独特卖点；新产品满足哪部分市场需求；新产品的市场机会点在哪里；哪类产品、款式销售呈上升趋势，哪些下滑；竞争品牌有没有出新品，其新品有什么优劣势；我们应当开发什么新产品……

4.谈顾客（用户）

本地市场顾客的消费特点是什么，比如是重品牌，还是重促销；相邻市场的顾客有什么特点；顾客喜欢什么样的品种、功能、款式；当地流行什么；不同层次的顾客消费特点有什么差异；本地风俗习惯对消费者的购买心理有什么影响；发生在顾客身上的逸闻趣事；二批商的情况，终端店的情况……

5.谈市场信息

日本企业界遵守一个营销准则：向客户提供有用的信息，是业务员送给客户的最好礼品。一位销售人员自己收集市场信息，然后把收集到的市场和技术等方面的信息打印在纸上，每次拜访客户时，先送上一份市场信息小报，客户就会对销售人员刮目相看。

销售人员可以提供给客户的信息，包括国家产业政策的变化及对销售的影响；本产品的行业新闻；相邻市场的运作情况；竞争对手的动向；当地市场其他同类产品的销售状况；行业发展前景及发展机会……

6.谈经验

销售人员可以向客户介绍一些有意义、有启发、可借鉴的成功经验；其他客户的成功案例；其他市场上，我们产品的销售经验；介绍相关业态的运作模式；介绍利益来源和保障与相关业态合作的省钱方法；竞品有什么好经验；其他行业有什么好的促销方法；在书上、报纸、杂志、电视上或其他企业处了解到的新的促销方法；实用的营销及管理的方法与经验；客户眼下正关心的某个问题的解决方法及经验；自己最近做何事所受到的启发；自己从什么书中受到什么有益的体会；对客户营销及管理上的一些问题提出改进意见……

7. 谈服务流程与管理制度

我在某家企业讲课时，看到这样一幕：客户和区域经理吵起来了。原来，公司年初向经销商传真一份新的销售政策。由于双方合作多年，彼此都很信任，正巧区域经理正在客户处，客户就没有细看政策，让区域经理解释一下即可。区域经理对公司新的销售政策做了一番介绍。到了年底，经销商来公司兑现政策时，觉得返利少了好几万元。

原来，客户在听了区域经理的解释后所理解的销售政策和公司实际的政策有出入，经销商觉得是区域经理解释错了，于是就和区域经理吵起来了……

所以，每当公司出台新的销售政策和促销政策时，销售人员在拜访客户时，一定要向客户介绍、解释清楚，以免发生歧义，产生不必要的误会。

8. 提建议

宝洁大中国区副总裁冯吉鹏说："我们的销售人员常常坐下来和零售商一起想办法扩大销量，这比给对方货架费更有效。"

销售人员要向客户提一些有价值的意见和建议，即做顾问式销售，包括：与客户一起分析市场、找出问题、提出建议；向客户介绍自己的市场运作方案……

9. 向客户虚心请教

销售人员征询客户对公司产品、服务、产品推广、促销方案等方面的意见和建议。某著名饲料公司要求销售人员在拜访客户时，不要称客户"老板"，要尊称客户"老师"，遇事多向客户请教。

孔子在《论语》中说"君子好为人师焉"，聪明人都喜欢指点别人。销售人员多向客户请教，既可以赢得客户的尊重，也可以从客户的意见中受益，何乐而不为呢？

销售人员可以向客户说明自己的工作计划和打算，请客户多指点。当工作中遇到难题，可以向客户请教；生活、家庭、个人发展的问题，也可摆出低姿态，向客户请教。把客户放到老师的位置请教，客户一定会心情舒畅。

日本企业要求销售人员拜访客户时，要使用“低、赏、感、微”推销法。低姿态，多向客户请教，懂也要装作不懂；对客户提出的建议，装作恍然大悟的模样；然后对客户提出的意见，表示真诚的赞美和感谢：“张老板，您提出的建议太宝贵了，让我受益匪浅，太感谢您了！”客户听了，一定会心花怒放，喜不自禁。

10.谈客户感兴趣的闲话

谈闲话，是销售过程一个必要的组成部分，销售人员谈闲话的艺术也是销售艺术的一个重要方面。销售人员在拜访客户时，说一些客户感兴趣的闲话，说得客户开心高兴，客户也不会让你失望的。

需要说明的是，销售是以客户为中心的，因此，谈的闲话必须是客户感兴趣的闲话。

一位业务员准备拜访一位生意做得很大的客户，怎样才能打动客户呢？他了解到客户是一个足球迷，就心生一计，专门印了一盒名片，上面印着大大的“球迷”字样。当他把名片递给客户时，客户一看：“你也喜欢足球呀？”天下球迷是一家，两个人有了共同的语言，就津津有味地从中超、国足谈到英超、西甲。

这样，双方的关系就从陌生人，变成了“一条战壕里的球友”，生意自然也要照顾球友了。

销售咨询小法宝——网络营销·信息发布功能

网络营销的另外一个功能是信息发布功能。

无论哪种营销方式，都要将一定的信息传递给目标人群，但是网络营销所具有的信息发布功能，是古往今来任何一种营销方式所无法比拟的。

与客户讨论，比个人独白更有效果

销售和客户之间如何寻找共同话题?

在向客户推销商品时，销售员最好能与客户找到共同话题，聊一些双方都能感兴趣的事情，这样才能更深入地与客户交谈下去，让顾客很自然地接受销售员的建议。

先来看下面这则故事。

一位销售妇婴用品的销售员到某小区推销产品。当她刚进入小区时，发现小区长椅上坐着一位孕妇和一位老妇人，于是就向小区保安假装不经意地问道:“那两位好像是一对母女吧? 她们长得可真像。”小区保安告诉她:“的确是一对母女，女儿马上就要生宝宝了，母亲从老家来照顾她。”

之后，销售员走到长椅旁，亲切地提醒孕妇:“您不要在椅子上坐太长时间，外面有点凉。你现在可能会没什么明显的感觉，但是等到以后生完宝宝就会感觉不舒服。”然后她又转向那位老妇人说:“现在的年轻人都不太讲究这些，但有了您的提醒和照顾就好多了。”

就这样，三个人从怀孕聊到生产，从产后产妇的身体恢复聊到宝宝的照料及营养等，聊得非常开心。接下来，那对母女已经开始看销售员手中的产品资料和样品了……

对于客户的实际需求，销售员需要在与客户进行沟通前就加以认真分析，以便自己能够准确地把握客户最强烈的需要，然后寻找与客户之间的共同话题。案例中的这位销售员，就是注意到了孕妇对妇婴用品的需要，然后寻找母女二人都关注的话题，巧妙地与其建立起友好的关系，然后再延伸到向她们推销产品，这就使推销顺畅自然，也更易于成功。

与客户讨论一些共同关注的话题，是拉近彼此心理距离的最好方法之一。优秀的销售员对一切大众喜好的事情都要略知一二，并能从共同话题入手，来印证自己的产品和对方兴趣的关联。当需要用到较为专业的知识时，销售员也能很快补充，这样才能赢得客户认同，打动客户，说服客户下定决心成交。

1.从客户需求中找话题

不懂得沟通技巧的销售员，在刚刚张嘴与客户交谈时，就为自己的失败埋下了种子。为什么还没推销就失败了呢？原因在于他们完全站在自己的立场考虑问题，只希望一下子将自己所推销产品的信息迅速灌输到客户的头脑当中，根本不考虑客户是否对这些信息感兴趣。这种完全着眼于自身愿望的销售方式注定要失败，因为客户往往会打断你的介绍，让你“赶快离开”。即使客户允许你介绍完，他也不会把这些东西记在心里的。

要实现与客户的互动，关键就是要寻找到彼此间的共同话题，以此作为与客户建立感情的纽带。当与客户能够融洽地交流后，再从彼此的共同话题入手介绍产品，成功会更容易实现。要做到这点，就需要销售员能够从关心客户的需求入手。

2.找寻彼此感兴趣的话题

只有找到能引起客户兴趣的话题，才可能让整个销售的沟通过程充满生机。一般来说，客户是不会马上就对你的产品或服务产生兴趣的，除非事先了解你的产品或服务，或者对此有急切的需要，否则是不会轻易与你成交的。这需要销售员在最短时间内找到客户感兴趣的话题，然后伺机引出自己的销售目的。比如，你可以从客户的工作、孩子和家庭及重大新闻时事谈起，以此活跃沟通气氛，增加客户对你的好感。

对于一些客户十分感兴趣的话题，销售员不妨通过巧妙的询问和认真的观察与分析进行多方面了解，然后引入共同话题。所以，在与客户进行销售沟通前，销售员非常有必要花一些时间和精力对客户的特殊喜好和品位等进行研究，这样才能在销售沟通过程中做到有的放矢。

不过，销售员在寻找客户感兴趣的话题时也要注意，要想让客户对某种话题感兴趣，最好你对这种话题也同样感兴趣。因为整个沟通过程是互动的，如果只是客户一方对某种话题感兴趣，而你表现得兴味索然，或内心排斥却故意假装很喜欢的样子，客户会觉察到你的情绪，与你交谈的热情和积极性也会因此马上冷却。这是很难达到良好沟通效果的。

所以，销售员应多培养兴趣爱好，多积累各方面的知识，至少应该培养一些比较符合大众口味的兴趣，比如体育运动、积极的娱乐方式等。这样才能保证在与客户的沟通中不至于无话可说。

3.如何寻找与客户的共同点

“共同点”是双方的交叉点，也是销售员与陌生客户拉近关系的突破口。如果销售员能巧妙地利用这一点，则销售工作会轻松许多。作为销售人员，要能够快速有效地与陌生客户建立起沟通的桥梁。而人们往往对自己熟悉的事物产生好感，对与自己有共同兴趣爱好的人产生信任，所以寻找共同点不失为取得客户信赖的有效方法。

一个销售经理应约来到客户办公室，看到客户书架上有很多中国古籍，特别是有很多关于《道德经》的书籍，于是在与客户聊天的过程中，他谈起了自己的爱好之一——读书，尤其喜欢读《道德经》。客户一听就来了精神，说他也喜欢老子。于是两个人就从老子谈到业务，不亦乐乎而忘了时间，晚上还一起吃了晚饭。

由于这位销售经理善于观察，找到了与客户的共同点，打开了交谈的思路，也为以后的成交打下了坚实的基础。

那么，对于销售员而言，该如何寻找与陌生客户的共同点呢？

（1）以话试探，细察共同点。

面对陌生的客户，为了打破沉默局面，开口讲话是首要的。有的销售员以招呼开场，询问对方的籍贯、身份，从中获取信息；有的销售员通过听对方说话的口音、言辞，细察对方的情况；有的销售员以动作开场，一边帮对方做某些急需帮助的事，一边以话试探；有的销售员甚至以借火吸烟的方式，打开与对方交流的局面。

销售员小王从某县城上车，坐在一条长椅上。他看见对面椅子上坐着一个小伙子，于是就问道："请问你在什么地方下车？""到终点。你呢？""我也是。你到南京什么地方？""我到南京山西路一个亲戚家。你就是此地人吧？""不是的，我是去南京走亲戚的。"

经过对对方的"火力侦察"，小王找到了与对方的共同点——都在南京有亲戚。两个人发现与对方的共同点后谈得很投机，下车后还互邀对方做客。通过这种方式，小王的目的达到了。

（2）察言观色，寻找共同点。

一个人的心理状态、精神追求、日常爱好等，或多或少地要在他们的表情、服饰、谈吐、举止等方面有所表现，只要你善于观察，就会发现你们彼此之间的共同点。

刘先生从军队退伍后做了一名销售员。有一次，他乘坐汽车去外地出差。汽车上路后不久就抛锚了，驾驶员车上车下忙了一通还没有修好。这时有一个人建议驾驶员把油路再查一遍，驾驶员将信将疑地去查了一遍，果然找到了病因。刘先生感到这个人这绝活可能是从部队学来的，于是试探道：“你在部队待过吧？”“嗯，待了六七年。”“哦，咱俩还应算是战友呢。你当兵时部队在哪里？”……于是刘先生和对方谈了起来。

后来，这个人成了刘先生的客户。而这就源于通过观察对方发现了彼此都当过兵这个共同点。

（3）揣摩谈话，探索共同点。

为了发现陌生人与自己的共同点，销售员可以在需要结交的人同别人谈话时留心听，多分析揣摩，这样也可以从中发现共同点。

在广州的某百货商店里，一位在南海舰队服役的军人对服务员说：“请你把那个东西拿给我看看。”还把“我”说成字典里查不到的苏北土语。这时，站在旁边的也是苏北人的销售员高亮听了前者这句话，也用手指着货架上的某一商品对营业员说了一句相同的话，两句字里行间都渗透苏北乡土气息的话，使两位彼此陌生的人相视一笑。

他们买了各自要买的东西，出了店门就谈了起来，从老家问到部队，从眼下的工作谈到几年来走过的路，介绍着将来的打算。身在异乡的一对老乡的亲热劲，不知情的人怎么也不会相信是因为揣摩对方一句家乡话的结果。

可见细心揣摩对方的谈话确实可以找出双方的共同点，从而使陌生的路人变为熟人，发展成为朋友。

（4）听人介绍，揣度共同点。

你去朋友家串门，遇到有生人在座，作为对于二者都很熟悉的主人会马上出面为双方介绍，说明双方与主人的关系，各自的身份、工作单位，甚至个性特点、爱好等，细心的销售员从介绍中马上就可发现对方与自己有什么共同之处。

一位销售员和一位企业老总在一个朋友家见面了，主人为这对陌生人做了介绍，销售员马上发现他们都是主人的同学这个共同点。于是就围绕“同学”这个突破口进行交谈，相互认识和了解，很快变得亲热起来。

（5）步步深入，挖掘共同点。

对于销售员而言，发现客户与自己的共同点是不太难的，但这只能是谈话的初级阶段所需要的。随着交谈内容的深入，共同点会越来越多。为了使交谈更有益于对方，必须一步步地挖掘深一层的共同点。

一个销售员和一位在法院工作的同志在一个共同的朋友家聚餐，经主人介绍认识后，他们谈了起来。谈话中两人发现他们对社会上的不正之风的看法有共同点，不知不觉地展开了讨论。

他们从令人发指的社会现象，谈到其产生的土壤和根源，从民主与法制的作用，谈到对党和国家的期望……越谈越深入，越谈双方距离越近，越谈双方的共同点越多，最终成了好朋友，那位法院工作的人也成了销售员的客户。

总之，寻找共同点的方法很多，譬如面临的共同的生活环境，共同的工作任务，共同的行路方向，共同的生活习惯等，只要仔细观察，销售员就能很快与陌生的客户拉近关系。

当然，发现与客户的共同点必须跟自己的情趣爱好相结合，自己对此要有兴趣，还要有所研究；否则，即使发现了共同点，你对此却一知半解，没说两句就“卡壳”了，那么不但对你们的谈话无济于事，反而会让客户觉得你不懂装懂，不值得信赖。

销售咨询小法宝——网络营销·信息搜索功能

在网络营销中，信息搜索功能将利用多种搜索方法，主动地、积极地获取有用的信息和商机；将主动进行价格比较，了解对手的竞争态势以及主动地通过搜索获取商业情报，进行决策研究。

搜索功能已成为营销主体能动性的一种表现。

05

销售中隐藏着的心理学

生活中离不开微笑，同样，销售也离不开微笑。因为微笑是一种人见人爱的表情，它给人留下的是宽厚、谦和、亲切的印象，表达出的是对客户的理解、关怀和尊重。

所以，要想做一个好的销售人员要永远谨记：你虽然无法控制你的长相，但你能控制你的笑容；当你面对客户时，请将你的个人情绪锁在心里。

营销学中有一个名词非常重要，那就是“第一印象”，有一种说法是“推销能否成功，关键在于接触最初的40秒”，推销员永远没有第二次机会去扭转第一印象，如果你被摒弃在大门之外，纵然你拥有全世界最高明的销售技巧，也无用武之地。

所以，我们在与客户接触的过程中，第一印象往往对营销的成功有着举足轻重的影响。

学会微笑，会拉近与客户的距离

在这个世界上，人类是微笑的唯一载体，微笑是人类最美的表情，微笑是一种态度，也是一种修养，它包含了对别人的真诚和肯定，能拉近人与人之间的距离，能化解一切矛盾和隔阂，是人际关系天然的润滑剂。

生活中离不开微笑，同样，销售也离不开微笑。因为微笑是一种人见人爱的表情，它给人留下的是宽厚、谦和、亲切的印象，表达出的是对客户的理解、关怀和尊重。所以，要想做一个好的销售人员要永远谨记：你虽然无法控制你的长相，但你能控制你的笑容；当你面对客户时，请将你的个人情绪锁在心里。下面推荐给大家一些练习微笑的方法，大家可以练一练。

初级微笑

找一支粗细适中的笔，用牙轻轻横咬住它，然后对着镜子，试着摆出普通话“一”音的口型，注意尽力抬高嘴角两端，下唇与上唇迅速并拢，不要露出牙齿。这个口型就是合适的微笑。相同的动作反复练习几次，直到感觉自然为止。

情绪记忆法

借助“情绪记忆法”帮助你训练微笑，即把生活中最令你高兴、最有趣的事情收集起来。每当需要微笑时，想想那些快乐的事情，脸上自然就会流露出笑容。

理智训练

微笑是销售人员职业道德的内容和要求，销售人员必须坚信“客户是上帝”“客户至上”的理念，即使生活中有不愉快的事情，也不能带到客户面前，要学会控制自己的情绪，学会过滤烦恼。

高级微笑

高级微笑应该是发自内心的，不仅要求嘴唇要动，还要求眼神含笑，即口眼结合。训练时，可以用一张厚纸遮住鼻子以下的部位，然后对着镜子练习微笑的眼神，直到看到眼中含笑为止。

任何业务员都明白推销这行少了笑是绝对不行的，这就是笑的魅力。

业务员王英指出，笑容是与人交流的最好方式，对于推销来说更是重要。他在日常观察中指出，一个人在发怒之后，必须用笑来中和一下，如果只怒而不笑的话，那么这个人的情绪势必会失去平衡，呈现出焦躁不安的情况，而难以与人相处。因此，作为推销业务员这个特殊的职业，一定要有使人欢迎的笑容才行。笑也有笑的艺术，当然也需要不断练习，加以完善。

看看王英是如何练就出这“价值百万美元的笑容”的。

王英因在工作的路上练习大笑，经常被人误认为神经有问题。认识他的人总是悄悄地躲开他，而后又来到他的太太久蕙面前，说他可能是因为工作劳累，神经出了问题。王英有一段时间因为练习太入迷了，晚上睡觉时常因“笑”而惊醒，而后到久蕙的前面再练习。

“喂！久蕙，这种表情正确吗？”就在王英练习时，久蕙醒了过来。

“什么事呀？你三更半夜不睡觉爬起来干什么呢？”

“嘘，轻点！”王英转过脸对她说，“练习这个呀！”

“哎哟，好难看呀！”

“别胡说，现在这张脸好看吗？”

“唔！比刚才好看多了。”

“当然好看啦，这是愉快的笑容嘛！”

“对了，你最近是不是边走边笑？前几天隔壁的太太见你在路上咧嘴傻笑，她提醒我，要我当心，怀疑你可能有精神病。”

“哦！是吗？太好了，我竟被别人当成了精神病。说实话，我是在路上练习笑哇！”他曾经假设各种场合与心理，自己面对着镜子，练习各种笑。

因为笑必须从全身发出，才会产生强大的感染力，所以他找了一个能照出全身的特大号镜子，每天利用空闲时间，不分昼夜地练习。历经长期苦练之后，他的笑才达到炉火纯青的地步。王英终于找到了世界上最迷人、最美、最令人陶醉的婴儿般的笑容。

年过古稀的王英依然保持着天真无邪的笑容，散发着诱人的魅力，那种笑容令人如沐春风，无法抗拒。王英针对不同的情形总结了面对客户时的38种笑法。这就是推销工作的魅力所在，居然连笑也那么讲究。

训练笑容，并非易事。每天对着镜子摆笑脸，是非常枯燥的。可销售员的服务对象大都是陌生人，只有使自己的笑容亲切、开朗，才有可能让客户打开心扉、坦然接受。

1.对镜微笑训练法

这是一种常见、有效和最具趣味的训练方法。端坐镜前，衣装整洁，以轻松愉快的心情，调整呼吸，使其自然顺畅，静心3秒钟，开始微笑：双唇轻闭，嘴角微微翘起，面部肌肉舒展开来；同时注意眼神的配合，做到眉目舒展。如此反复多次，训练时间随意。为了使效果明显，可以放背景音乐。

2. 模拟微笑训练法

轻合双唇；两手食指伸出（其余四指自然并拢），指尖对接，放在嘴前 15 至 20 厘米处；让两食指尖以缓慢匀速分别向左右移动，使之拉开 5 至 10 厘米的距离；同时嘴唇随两食指移动而同步加大唇角的展开度，并在意念中形成美丽的微笑，让微笑停留数秒钟；两食指再缓慢匀速向中间靠拢，直至相接；同时，微笑的唇角开始同步缓缓收回。

需要提示的是，训练微笑缓缓收住，这很重要。切忌微笑突然停止。如此反复训练 20 至 30 次。

3. 情绪诱导法

情绪诱导就是设法寻求外界物的诱导、刺激，以求引起情绪的愉悦和兴奋，从而唤起微笑的方法。诸如，打开你喜欢的书页，翻看照片、画册，回想过去幸福生活的片断，播放你喜欢的、容易使自己心情变好的歌曲等等，以期在欣赏中引发微笑。有条件的话，最好用摄像机摄录下来。

4. 记忆提取法

据载，这是演员在表演训练中最常采用的一种方法，也被称为“情绪记忆法”。就是将自己过去那些最愉快、最令人喜悦的情景，从记忆中唤醒，使这种情绪重新袭上心头，从而引发惬意的微笑。

5. 观摩欣赏法

几个人凑在一起，互相观摩、议论、交流、鼓励，互相分享开心的微笑。也可以平时留心观察他人的微笑，把精彩的“镜头”封存在记忆中，时时模仿。

学习以上5种方法，时刻保持微笑，努力成为最受客户欢迎的人。除此之外，还要注意以下三个方面：

第一，要学会“过滤”烦恼。

在进入工作岗位之前，将烦恼与不快抛开，以最好的心情和精神面貌迎接客户的光临。销售人员必须学会疏导和淡化烦恼，每时每刻均保持一种轻松的心情，让快乐永远伴随自己，并将快乐传递给每一位客户。

第二，要有宽广的胸襟。

在销售的过程中，难免会遇到出口伤人、蛮不讲理的客户，此时一定要牢记“忍一时风平浪静，退一步海阔天空”这一信条，始终保持一个良好的心态，让微笑服务变成自己的一贯工作作风。

第三，要和客户有感情上的沟通。

当你向客户微笑时，你要表达的意思是“见到您我很开心，我十分愿意为您服务”。也就是说，销售人员要在感情上把客户当作亲人、朋友，与他们分享快乐和忧伤，成为他们的知心好友。

销售咨询小法宝——网络营销·销售渠道开拓功能

网络营销本身就是一种销售渠道，与传统的销售方式相比较，更具极强的进击力和穿透力。

网络营销会快速打通封闭的运载坚冰，疏通种种渠道，打开进击的路线，实现和完成市场的开拓使命。这种快速、这种态势、这种生动是任何媒体、任何其他手段无法比拟的。

如何应对顾客的拒绝

销售人员被客户拒绝是再平常不过的事情了，有时候还没有开口就被客户拒之千里之外，有时候是投入了大量的时间和精力之后，本以为势在必得，却还是惨遭拒绝。

对销售人员而言，拒绝就是成长的催化剂，那些销售高手也都是从被拒绝开始的。

依照相关统计，80%的销售是来源于客户说“不”以后，一个销售人员最容易“阵亡”的时间是他进入这个行业的前90天。在日常的统计中，一个普通销售人员最有生产力的时间每天不会超过4小时。如果希望自己成为顶尖的销售人员，每天唯一要做的事情就是开始拜访和约见客户，作为一个销售人员，任何时间去拜访客户都是客户的最佳时间。自己感觉有差异的地方就是怕被客户拒绝。

1.被拒绝的时候换个角度想

销售被客户拒绝的因素有很多，可能是因为客户没钱、没时间，也可能是因为销售人员自身的业务素质不够。这个时候，我们要换个角度去想，要从被拒绝中吸取教训，避免陷入低潮，影响到后续的工作。

想想客户拒绝我的原因是什么？如果是因为对方的眼界、格局问题，你大可不必放在心上；如果真的指出了自己的问题，及时反思、纠正也是好事一桩，在拒绝中提升自己是一次难得的历练。

人们总会有一种思维定式，如果一件事在脑海中被认定为合理的，便不会想要去追究它的原因。所以要学会让自己慢慢接受被拒绝是合理的，只有这样才能让自己的内心变得强大起来，不再为被拒绝而烦恼不已。

被拒绝真的不可怕，可怕的是被拒绝后的自暴自弃，这个人拒绝了你，不代表全天下的人都会拒绝你，何必在一棵树上吊死？

2. 销售高手如何克服心理障碍

提升自信和内在最重要。害怕被拒绝是由于自己的自信心低落，自我价值不够强。自信心低落的因素有以下 4 个方面：缺乏经验和这个行业的专业知识；过去曾经失败的经历；注意力总在错误的信息上；受到限制性信念的影响，无法激发潜能。

面对客户的拒绝，不要总想着自己的委屈。这时要分析一下客户拒绝自己的原因，以及接下来要用什么方式来对待这个客户。这样不仅能减少被拒绝的痛苦，还能增加销售成功的砝码。

对事件的定义不同，心态自然不同。据资料统计，80% 的销售行为是在拜访客户 5 次以后才产生的，如果依照这样的数据，那你算是被拒绝了吗？

销售人员一定要搞清楚，很多时候客户并不是在拒绝你本人，而是拒绝你所推销的产品或服务，即使是拒绝你本人，那也是很正常的。要知道不遭到客户拒绝反而不正常了。

3. 现在拒绝你，不代表永远拒绝你

通常有些客户对并不了解的东西最习惯的反应就是拒绝，拒绝对他来说就是一种习惯；还有些客户的拒绝，往往是需要进一步了解你的产品的正常反应，虽然这对你来说好像是苦难，但对一部分客户来

说，的确是被人攻破心理防线的“伪装抵抗”。所以，你不要太相信这类客户的话，只需要怀抱着坚定的信心继续走下去就可以了。

同时，销售人员要从拒绝你的客户的表情、语言、态度等方面来找出希望。在客户拒绝你之后，他拒绝的原因越直接，拒绝的条件越明确，这类客户和你签约的希望就越大；他拒绝的语言越模糊，你可能要跟单的时间越长。

在每次销售之前，你的心态不能着急，需要一步步走，每一步做好了，成交的结果就自然而来了。从准备、开场、挖掘需求、推荐说明一直到成交，这每一步中都存在着拒绝。但这些拒绝不代表一直都会存在，只要你保持乐观的心态，准确把握客户的需求，适当地解释清楚，那这些障碍就是暂时的。只要你善于总结，善于揣摩客户的心理，你就会在面对拒绝时充满信心，从拒绝中找到销售成功的希望。对待“拒绝”有多豁达，证明你对销售有多少信心，只有拥有良好的心态，才有望成为销售高手！

那些优秀的销售员，不会因为遭到多次拒绝后产生低落情绪，这也是优秀销售员最明显的一个优点。

首先作为销售员，一定要先推销自己，用最快的方式去接近顾客，打消顾客的戒备心，最后达到成功销售产品的目的。这里有个最简单的技巧，就是列举出所有顾客有可能会提出的那些拒绝的借口，然后自己再为这些借口做一个完善的答复。如果在顾客面前能做到胸有成竹，不惊慌失措，说话有条有理，顾客一定会放下戒心，认真听你讲话。

那我们该如何编制这样一个标准应答语呢？编制标准应答语的程序：

其一，销售员要把每一天顾客的拒绝理由记录下来，以便日后更好地整理；

其二，把那些拒绝理由按频率高低进行排序，哪些理由是顾客常常说的，都放在最前端；

其三，在开晨会时，多和上下级讨论，最终编制出最佳的答案；

其四，把这些统统归拢起来，打成一本小书，发给同事，让他们看；

其五，要把这些完善的答案记清楚，将这些运用到工作中。

接下来给大家讲几个应答话术：

（1）顾客说："我没兴趣"，应对话术：①"您这样说，我理解，在您没看清楚产品前，不感兴趣是正常的。"②"其实，我还是希望您能给我一个机会让我为您讲解，就是不知道您明天上午忙还是下午忙？"

（2）顾客说："我不想买"，应对话术：①"您既然觉得我们的产品有保障，那为什么不买呢？"②"没关系的，这样好不好，明天您上午有空还是下午有空，我给您讲完，您再不要也不迟啊！"

（3）顾客说："我现在没钱"，这句话恐怕是销售员经常会听到的吧！应对话术："您不要觉得这件产品需要很多钱才能买。"

（4）顾客说："我现在真的不需要，等以后再说"，应对话术：①"您可能不需要，但是您的家人需要啊！"②"您不是不需要，而是不想买吧？"

（5）顾客说："我现在顾不上，有点忙"，应对话术："我就是想到您很忙，所以才先给您打这个电话跟您约时间，就是不想冒冒失失去找您，不知道您明天上午还是下午有时间？"

（6）顾客说："你不要浪费时间了"，应对话术：①"没事，我觉得我花这点时间让您买到有价值的产品，我还是非常乐意的，就是不知道您明天上午有空，还是下午有空？"②"您真的太好了，还能为我们着想，我就想跟您交个朋友，就是不知道您明天上午有空吗？就想跟您聊聊。”

当顾客提出拒绝借口后，销售员要能判断出顾客所提出的问题性质是属于哪一类的，然后做出应对，把顾客拒绝的意愿动摇，这样才能为自己留下跟进顾客的机会。作为销售员要知道，那些优秀的销售员都是从被顾客的拒绝中走过来的，如果能一直持续坚持到最后，想不成功都难。

下面分享一下电话销售如何面对客户的拒绝。

电话销售一般会碰到如下拒绝：①我不需要；②我已经做过了；③你们好烦，你们以前给我打了很多电话了。

销售人员应该处理两件事情：一个是如何调整心态，一个是如何处理这种简单的问题。

心态呢，一方面学会转移自己的注意力，不要太关注客户的拒绝，把自己的注意力关注在自己的电话量上面，时刻提醒自己的电话效率，电话量和通话时长是电话销售最基本的基础。另一方面，时刻给自己打鸡血，提醒自己保持微笑，保持大脑的清醒以及积极的心情，因为如果你还沉浸在上一个电话的拒绝中，正好你接通的这个电话是一个非常优质的意向客户，那你的发挥会受到影响，可能会影响到客户对你的第一印象。

如何处理这些简单的客户拒绝呢？产品和行业不一样，可能具体的话术会有变化。但是你可以通过这几个方法去尝试：

第一，学习公司销售冠军的处理方法，一开始先学会复制，然后工作之余思考，看看有没有可以进行修改和调整更适合自己的地方，想出来就实践，根据结果来判断自己的修改是不是更好。

第二，客户之所以用这么简单的拒绝，其实只是简单地筑起了一堵心灵屏障来抵挡很多无脑业务员的骚扰。这时候你要学会根据自己的行业和产品，组织至少 10 套不一样的话术来突出自己产品的优势和吸引人的地方。针对不同类型的客户，用不一样的话术去刺激他们，看看会不会有不一样的地方。

第三，听自己的电话录音。其实在陌生的拜访中，如果拒绝率过高，除了行业等客观因素之外，主观因素除了自己在话术上千篇一律，还有一个非常非常重要的原因，就是你的声音不好听。让普通话先标准起来，学会控制自己的语速，抑扬顿挫可能比较难，但是男孩子可以让自己的声音更激情、更有磁性，女孩子声音更温柔、更甜一点，一定能搞定很多客户。

销售咨询小法宝——网络营销·商情调查功能

对市场和商情的准确把握，是网络营销中一种不可或缺的方法和手段，是现代商战中对市场态势和竞争对手情况的一种电子侦察。

在激烈的市场竞争条件下，主动了解商情、研究趋势、分析顾客心理、窥探竞争对手动态是确定竞争战略的基础和前提。通过在线调查或者电子询问调查表等方式，不仅可以省去大量的人力、物力，而且可以在线生成网上市场调研的分析报告、趋势分析图表和综合调查报告。

一步步引导客户代入到商品的好处之中

相信每一个销售人员都想了解销售的高境界吧。

销售的高境界其实可以这样理解，我们销售的不是产品，而是梦想。

带领客户去看房子，普通的销售就会说花园是赠送的，多大多大，多合算；高境界就会加一句，您夏天在花园里泡壶茶，和孩子看星星，多美好。对于小房型，普通的销售最多就会说总价低；高境界就会说，你们省下的钱每年可以和全家去一次欧洲，再说房子小好打扫，您有更多的时间学习、娱乐、陪伴家人，哪怕爱人生气了，也跑不远啊。总之，不是描述产品，而是让客户代入使用或者和产品联系的状态，将客户正面的、美好的想象力发挥出来。

对经营性的产品（客户投资或者租写字楼之类的），我们销售的不是产品，是计划和解决方案。

就说租写字楼吧，一般的销售/招商会和你说电梯几部，层高多少，使用率怎么样，租金多么有竞争力之类的。而高境界的销售就会仔细甄别你的要求，甚至照顾到你未来的发展：您的企业服务器是不是需要后备电源接入？预计 3 年后您的办公面积需求会增长一倍，我怎么帮您规划，满足需要？您需要多少座位、多少会议室，我帮您摆一下？您的主要客户都在这个区域，您搬去那里，房租虽然省了，但效率也降低了，低效率和便宜的房租之间哪一种划算，我帮您算算？您的企业搬过来报税，我可以在政府部门帮您走手续，等等。我们不是卖产品，而是和客户一起，站在他的角度，帮他规划现在和未来。

这里只讲了销售，其实，在前期的定位、策略、市场、形象、推广等等更重要。就像作战，两军对垒，大破敌军、冲阵斩将是很过瘾，但是真正的高手，会利用甚至创造态势，让敌人在自己计划的时机、场合，用我们规划的方式和我们接战，基本等于自动过来接受屠宰，甚至不战而屈人之兵，一点血光都见不着。不知不觉中，对手已经无路可走。

比如说苹果手机，你见过从“乔帮主”到苹果店员，唾沫横飞地推销自己的东西，说服你在诺基亚和他们之间做出选择吗？实际上你是在潜移默化中突然发现，有一天，你除了换他们家的手机，似乎已经别无选择。

其实，低段位的销售，卖的是现实（产品、性能、价格、服务等），不是说这不重要，这是基础。而高段位的销售，卖的是未来（代入感、双赢解决方案、尊贵感、心理暗示、规划、梦想实现等）。

1. 先求小“Yes”，再求大“Yes”

“成交高于一切”。成交就是一步一步引导客户说Yes的过程。对话发问的招数，就是先求小Yes，再求大Yes。

作为销售代表，我们到客户那里就是想要一个结果，我们自己知道，而客户不知道。或者是客户知道我们想要一个结果，但是他不知道到底是要一个什么样的结果。但若我们单刀直入，就很有可能冒犯客户，或者客户根本不知从何答起。这就涉及销售中一个很重要的对话技巧：先求小“Yes”，再求大“Yes”。

在西方一些先进的国家和地区，各行各业的营销员如果没有接触过扑克牌游戏是不允许从事销售工作的，因为他们强势推销的行为会大批量地替公司得罪客户，损害公司形象。扑克牌游戏的原理是主持人通过控制营销员的注意力，逐渐达到目的。扑克牌游戏的具体操作是这样的：主持人拿出一副扑克牌，把大王和小王从整副牌中抽出来，然后让营销员随意从剩余的52张牌中抽取一张，抽出的这一张牌不能给营销员看。假设抽出来的这张牌是红桃5，请看下面的对话：

主持人：请问你至少打过一次到两次牌，对吗？

营销员：对。

主持人：在这52张扑克牌里，一共有两种颜色，一种是黑色，一种是红色，对吗？

营销员：是的。

主持人：如果让你从中任选一种，你会选择黑色还是红色？

营销员：我选择黑色。

主持人：谢谢，那剩余的一定是红色，对吗？

营销员：是的。

主持人：在红色的扑克牌当中，也分为两种花色，一种是红桃，一种是方片，对吗？

营销员：对。

这些话当然都是废话，但是废话你也要问，为什么呢？因为你要先求小“Yes”，先问小问题，让客户一回答，就是“Yes、Yes、Yes”，没有别的答案可回答。

主持人：如果让你从中任选一种，你会选红桃，还是方片？

营销员：我选择方片。

主持人：好，那剩下的一定是红桃，对吗？

营销员：对。

主持人：谢谢你，在红桃的牌中，它一共有13张牌，对吗？

营销员：对。

主持人：13张牌中又分为王后组和数字组，王后组J、Q、K，数字组1、2、3、4、5、6、7、8、9、10，对吗？

营销员：对。

主持人：在王后组和数字组中，你会选择哪一组呢？

营销员：我选数字组。

主持人：好，在数字组当中，也可以分为两组，一组是大数组：6、7、8、9、10，一组是小数组：1、2、3、4、5，在这两组当中你选大数组，还是小数组？

营销员：我选小数组。

主持人：在小数组当中的1、2、3、4、5，最大的那一张牌是什么？

营销员：是5。

主持人：你真聪明，你刚才抽出的就是红桃5。

做扑克牌游戏的目的就是：我们要让“红桃5”从销售员自己口中说出来。虽然前面说了一大堆“废话”，但目的却达到了，而且是在一种轻松的氛围中达成的。

销售的道理也是一样。我们问话的第一个原则就是：先求小“Yes”，再求大“Yes”。这个道理很简单，比如说，我们谈恋爱的时候，先要问一点小问题，比如：你家住在哪儿？你是哪里的人呢？你喜欢吃啥呀？你喜欢听什么歌呀？等等。倘若你一见面就问：“开个房行吗？”肯定会被对方臭骂一顿。

所以我们必须先问小问题，慢慢增进感情、增进了解，然后再问大问题。销售人员一定要懂得通过一些小问题，来培养客户的思维惯性，这样才能为后面的销售进行铺垫。

2.注意力=事实，想要结果必须从发问开始

根据第一招的理论，网状激活系统是随目标走的，不是胡乱发射的，因为人的注意力有限，所以注意力就等于事实。

在赵本山的“忽悠三部曲”之一的《卖车》中，赵本山在短短的两分零四秒中问了七八个问题，因为他知道用问号可以打断对方的神经链，使他们的注意力跟着自己的方向走。

人们只关心对他有好处或对他有威胁的信息，所以如果你问的问题让他觉得有好处，或者是他觉得有威胁，那么他就会开始注意，他的网状激活系统是收取有用的东西，有问题才能导引着客户思考，思考了就会有行动，有行动了才会有结果。这个过程，你是不能够省略的，你如果想要结果就必须从发问开始。

知道什么时候问问题很重要，因为有些时候这些问题会侵犯你的买方。

3. 句号变问号示范

问：您的心情我非常理解，如果我在哪个环节没有给您讲清楚，请您指教。

答：我觉得这个计划对我没什么用。

问：我了解您的感受，那您认为什么计划更适合您呢？

答：现在这个必须是身故才赔，我想退休的时候能多拿点钱。

问：那我给您重新设计一份养老保险计划书，过两天送过来，您看怎么样？

答：那好吧，来之前给我打个电话。

问：您觉得退休的时候应当领多少钱呢？

答：那当然是越多越好了。

问：其实大家都希望这样，以您目前给我的预算，您 60 岁时每年可以领取 6000 元人民币至终身，您觉得少不少呢？

答：是少了点，可我现在就能负担这么多。

问：那您的意思是说先保这些，以后等经济情况好的时候再加保是吗？

答：那也不是，到时万一领不到几年我就不在了，那交了这么多年的本钱都拿不回来，岂不是亏了吗？

问：您的想法我明白，这个问题大可不必担心，您可以选择 60 岁一次性领取的方式，这样您就不会觉得亏了。

答：噢，这种方式还可以。

问：我可不可以请教您几个问题？

答：请随便问。

问：您觉得这份计划对您是不是很重要？

答：是比较重要。

问：那么今后由我为您服务，您不介意吧？

答：当然。

问：那么请您在这儿签字。

答：现在就签？

问：您签了字，这份计划会在今天午夜24点准时生效，我觉得这对您很重要，您说是吗？

答：是这样，好吧！

4.常用发问术集锦

下面是一些经常会遇到的提问话题，列举出来，仅供参考。

◇是不喜欢，还是计划设计得真的有点高出您的接受能力呢？您希望的费用是多少？

◇您跟我说……但我想您一定有别的意思，是吗？

◇根据我的经验，通常当客户对我这么说的时候是对价格不满意，您也是这样吗？

◇我能否这样理解您的意思？

◇这是不是您不愿签单的唯一原因？除此之外，还有没有别的问题，如果有，请提出来，好吗？

◇换句话说，要不是因为……您就会赞成这份计划书，是吗？

◇如果我能够证明我值得您信赖，您是否会考虑同意这份计划书呢？

◇这么说如果费用降一些，您是否就可以接受这份计划了呢？

◇请问客户先生，为什么这么长时间以来，我们一再接触，您却迟迟不能跟我签呢？是我这个人人品不行，还是推荐的商品不行，还是其他什么原因？请您告诉我，好吗？

◇这么多次拜访您，无论是什么样的结果，我都必须向我们经理汇报工作情况，请帮忙完成最后一项工作，好吗？

◇我能不能向您请教一下，如果您是业务员，我是客户，接下来您会怎么做，能教教我吗？

◇我理解您的感受，请问您为什么会这样想呢？

◇您是说想比较一下再说，请问您为什么会这样考虑呢？

◇您是怎么理解这个产品的？

◇您能和我分享一些心得吗？

◇目前，您人生中最大的心愿是什么？您有什么计划来完成您的心愿吗？

◇您认为在哪一个方面，我能为您提供帮助？

◇以您的分析，我们共同分享的概念有道理吗？

◇当机立断、立刻行动是否是您一贯的作风？

◇您是否觉得这些要领会对您有帮助？

◇我非常愿意为您效劳，您看如何？

结语：

总之，我们的提问可以引导情绪，提问能使人注意所忽略的事情，提问能发掘一个人需要的资源，提问能使我们不断成长。

销售咨询小法宝——维护好网络商铺

想要在网络销售中得到一份满意的答卷，首先必须保证产品质量要好，客户服务要到位，价格是消费者可以接受的以外，还要建设维护好商铺。

因为商铺就等同你的实体店面，其中一些细节体现出你店的风格，一些产品的展示、公司介绍等都要在里面呈现，而且要下点功夫，最好是让顾客能有耳目一新的感觉。

如何让客户心甘情愿地购买商品

为什么你的公司以精美的广告引发消费者某项需求或兴趣，但是最终消费者购买的却是竞争对手的产品呢？为什么你的很多产品有卖点，广告有创意，用户也感兴趣，但是消费者在产品面前停顿了3秒后又决定不购买了呢？

对于消费者来说，很多公司的产品广告和营销活动，满足的只是一个“兴趣”问题。很多公司在营销时缺失“临门一脚”，没有解决好消费者对产品的担忧，最终被竞争对手给截和了。那么消费者对产品的担忧有哪些呢？企业该如何去解决这些问题？

1. 对产品的忧虑

对产品的担忧，主要是消费者对产品质量或者功能的忧虑。这实际是对产品缺乏信心，潜意识中认为产品没有宣传中说的那么好，功能达不到预期效果的原因。例如：某无名品牌的保健品，宣传产品拥有十几项国家专利技术等等，但是消费者内心还是不放心，担心产品可能存在质量问题。

面对这个问题，企业必须寻找背书，为自己的产品提供信誉上的支撑。

2. 对价格的忧虑

对价格的担忧，主要是消费者担心在价格上被欺骗，害怕自己买贵了。很多消费者喜欢比价，其目的不是为了省钱，而是怕自己被骗。例如，某人在商场买了一款价格 4999 元的电脑，过了几天，又在另一家商场看到同一款电脑价格只有 4666 元，这时消费者内心是很崩溃的。很多时候，消费者对你的产品十分感兴趣，但是最终购买时还是放弃了，内心就是对产品的价格有所担忧。

面对这种情况，企业可以采用限时降价和退款保证等方式。

3.产品“负”加值的忧虑

产品“负”加值是指产品给消费者社交或者面子带来负面效应，损坏消费者的自身形象。很多产品的功效很强，但是它给消费者的面子带来一些负面影响，提高了他们的“社交风险”，从而销售受到限制。

例如，某肾宝片的广告词为“肾透支，把肾补起来”“身体被掏空”等等，产品的广告口号很响，也唤醒了消费者的需求。但是消费者在购买时就有面子上的忧虑——要是买肾宝片让别人看到了，岂不是告诉别人自己肾不好吗？消费者最终考虑再三后，可能决定购买具有相同功效的别的品牌产品。

解决这种产品“负”加值的方法就是转变顾客对消费行为的归因，站在客户的角度去思考，营销传播中化“负面”为“正面”。

企业可能把所有的卖点传播给消费者，让人们无比心动，但最后也可能因为产品、价格、“负加值”等因素导致消费者放弃购买。总结来看，企业要解决消费者的忧虑，处理好这“临门一脚”，可以从三个方面着手：

第一，产品方面的忧虑，企业可以寻找背书，为产品增加信誉；

第二，价格方面的忧虑，企业可以采取退款保证等措施，消除消费者忧虑；

第三，产品“负”加值，企业需要转换角度，从正面的角度去引导客户。

16 家电商平台宣称参加“双 11”促销活动的 539 款非预售商品中，不在 11 月 11 日也能以“双 11”价格或更低价格（不考虑联动活动情况）购买到促销商品的比例达到 78.1%，与 2016 年同期相比有所增加。

本次调查体验涉及有预售商品的平台 9 个共 129 款。

“定金”≠“订金”。

调查体验发现，不同平台和商家预售规则、支付定（订）金和尾款时间不尽相同。

所谓预售，即商家使用支付定金（订金）的方式，让消费者提前购买，“双 11”当天支付尾款，“双 11”后发货。

然而，预售活动背后存在的问题却不容小觑。许多商家刻意混淆“定金”与“订金”。一般来说，“定金不退，订金能退”。

根据规定，“定金”是指买家在购买预售商品时预先支付的一定数额的金钱，主要用作购买预售商品的担保和确认购买名额。如果消费者想要退定金，就必须将商品的尾款支付完毕后，再申请退款才可。

如今预售商品中需要消费者支付的基本上都为“定金”，而非“订金”，虽然定金可翻倍看似十分优惠，但如果消费者在支付尾款前不想购买了，则定金不退还。

对非预售商品的调查体验发现，“双 11”促销活动中，一些平台和商家优惠活动规则设置复杂，打折、满减、红包、优惠券、津贴等多种优惠方式叠加，附加各种限制条件与使用顺序，促销规则晦涩难懂，消费者很难推算出商品的实际销售价格，降低了消费者的网购消费体验。

现在市场行业的动态是千变万化的，当我们都还沉浸在自己公司的一种成就之中的时候，猛一回头，发现其他的同类行业已经异军突起了，如今市场上的同类产品琳琅满目，如果不好好权衡各家公司的品牌和服务，顾客哪能心安理得地买呢？

销售人员应该尊重和理解顾客的“挑剔”，面对顾客的比较，保持心态平衡，通过自己的四“不”原则，赢得消费者的青睐。

1. 向急躁冒进说“不”

顾客翻来覆去的比较可能会使你不耐烦，对其五花八门的问题含糊应对，盼望快点一锤定音。这是很多新的营销伙伴最容易犯的错误，其实，就是某些资深销售人员有时也存在这个问题。解答完几个问题后，恨不得就让顾客赶紧掏钱。殊不知，这种心态的直接结果就是招致顾客的反感，认为你只看重他的钱包，而不是提供帮助——向他提供他真正需要的产品和服务。即便碍于情面，顾客在你这里买了产品，估计也就是一锤子买卖了，因为这并非他（她）心甘情愿的选择。一个优秀的销售人员决不会如此急躁冒进，他会把注意力放在搜集顾客信息资料、发现需求、帮其答疑解惑等上面，然后再因势利导、对症下药，最终愉快地完成交易。

这个过程做得越仔细，就越容易获得顾客的信任与好感，销售成功自然只是时间早晚的事。

2. 向不懂装懂说“不”

顾客提出的问题各式各样，即使具有丰富经验的销售人员也不一定能圆满解答顾客的所有疑问。一个合格的销售人员会通过不断地学习相关专业知识，提升自己的专业度，以便在任何时候都能够从容应对。对于新营销伙伴来说，如果在顾客的提问上“卡了壳”，要诚恳地亮出自己的想法，不要胡乱回答。

诚实的态度远胜于一个漏洞百出的机敏回答，更容易让你赢得顾客的“芳心”。如果因此遭到拒绝，也不要灰心丧气。要意识到，这正是你需要补充加强的。从某种程度上说，是顾客推动了你的成长。他们的问题不一定专业，但却可以促使你通过学习获得更多的知识、积累更多的经验。多见顾客是最好的学习方式！

3. 向诋毁同业说“不”

现在市场竞争日益激烈，同一属性的产品在市场上“撞车”在所难免。也许顾客在两家产品间犹豫不决时，会征求你的意见，“买哪个更合适呢”，顾客这样做，一是可能信任你，二是可能想考考你。如果你为了达成销售而一上来就把对方公司说得一文不值，那你很可能会给对方留下一个糟糕的印象。

遇到这样的情况，要尊重你的对手，如果了解对方的公司、产品，可以发表你的意见，但要切合实际，优点缺点都要说。对对手情况的评析能证明你对这个市场是了解的，在顾客面前的专业印象分自然大幅增加。但如果真的不知道或者不了解，如实回答“不大清楚”也比诋毁对方效果要好。

4. 向口若悬河说“不”

很多人误以为顾客不停发问、比较，对话的主动权在他们那边，自己被挤到被动的地位，必须把话语权抢过来，让顾客跟着自己的思路走，才能赢得主动，其实不然。对于那些口若悬河、滔滔不绝的销售人员，很多顾客都会产生排斥感。

众所周知，成功推销的秘诀之一就是80%使用耳朵，20%使用嘴巴。聆听所至，营销所在。成功的营销应是从聆听开始的，一个优秀的销售人员会通过聆听，揣摩言说者的心理状态和沟通意图，然后再针对顾客的需求适时发问并解释。当然，能说会道也是销售人员的一个优势，但注意讲出的话一定要有理有据，符合客观实际，不能信口开河。

相信随着我们自身的不断成熟，大部分销售人员会从心底里用认真的态度、理性的思维、负责任的意识对待选购商品的顾客们。因为在伴随顾客比来比去的过程里，我们的产品因此获得不断创新的动力，我们的服务质量也得以不断改进。

这种比对，会让我们的专业知识更扎实、视野更开阔、信心更充足、思维更敏捷，也会让顾客无怨无悔选择你的产品与服务。

销售咨询小法宝——保证联络工具畅通

网络购物，相信大家都是经历过的。当我们身为消费者，要询问产品的时候，最忌讳对方卖家不在线，这样就会直接影响消费者的购买欲望。

所以，保证联络工具的持续畅通，是非常关键的。

个人气场决定了客户能否被说服

现在这个时代，客户资源的获取是企业经营的重中之重，这时候销售就起到了非常关键的作用，要深知客户的内心需求，从表面的话语中读懂客户心理，从而更好地服务于他们，让他们成为自己的忠实粉丝。

营销学中有一个名词非常重要，那就是“第一印象”，有一种说法是“推销能否成功，关键在于接触最初的40秒”，推销员永远没有第二次机会去扭转第一印象，如果你已被摒弃在大门之外，纵然你拥有全世界最高明的销售技巧，也无用武之地。所以，我们在与客户接触的过程中，第一印象往往对营销的成功有着举足轻重的影响。

有一种人走到你的面前，你会觉得他身上有一种非常吸引你，或是让你感觉很欣赏，儒雅或者斯义，清爽或者干净，这就是气质；他的言谈举止中，通常会显得沉着、潇洒、大气、有风度，这就是气度；在与他的交流谈判过程中，他的举手投足和眉宇间自信的神采往往会感染到你和你身边的所有人，他能够主导谈判的话题，渲染会场的氛围，最后让你心悦诚服，这就是气场。

因此，要想做一个优秀的销售员，就必须具备这三个方面的本领。只是，这种愉悦的气质、沉稳的气度、强大的气场却不是每一个人都能够具备的。如果要想具备这些本领，我们必须加强平日的锻炼和修养。

我们不妨做这么一个回忆，有时当我们走进一家大公司时，会感觉到他们的高层管理人员身上那种骄傲或是自信、很有涵养的一种气质，而走进一家小个体户工厂时，却感觉到那种很随意、脏乱、暴发户的氛围。这就是两种企业文化和环境带给我们的直觉。

因此，我觉得如果我们要想做一个有“三气”的销售员，必须从以下几个方面做起：

1.穿出你的气质

很多大公司都非常注重这方面的要求，也有很多公司都要求统一着装。作为销售员来说，一般远离工厂内部，经常在外出差，接触各种各样的客户。有的外企会要求他们的销售员穿西装打领带，而更多的公司不会这么要求。

我觉得，销售员的穿着应当注意以下几点原则：你可以穿得不是很高档，但服饰要干净整洁、大方得体；春夏季节服饰款式和色泽应当以阳光、休闲为主，彰显你健康年轻、充满活力的心态，让客户眼前一亮，心里愉悦；秋冬季服饰应当以沉稳、大气为主题，彰显你稳重、踏实、温暖的性格，给客户一种信任、尊重的态度；服饰的搭配应适合自己的身材、胖瘦、喜好、年龄，从而穿出自己的风格和气质。

另外，发型、配件、公文包、袜子、鞋子等也是构成仪表和穿着的要件。气质，这在给人的第一印象中很重要。

2.彰显你的气度

一个人的气度是由内而外的一种风度和魅力。人们常喜欢用温文尔雅、雍容华贵、谦谦君子等成语来形容一个人的外表，这就是说他的气度。但这种气度不是与生俱来的，而是后天修来的。这种修养，与你的生活环境、知识程度、个性密切相关。如果我们要想养成一个好的气度，潇洒自如，做一个众人欣赏的有风度的人，就必须不断加强自身的修养。

修养的形成离不开以下几点：养成一个好的学习习惯，加强自身的专业知识和非专业知识水平，在与客户交流的过程中能够更好地找到一些广泛的话题获得他的尊重，一个知识匮乏的业务员是注定不会引起顾客的尊重和兴趣的；养成一个好的礼仪习惯，不管面对任何人，不管在任何情况下，即使面对困境和难堪，也必须保持良好的风度，不卑不亢、彬彬有礼、微笑面对，这样才能让客户折服；养成一个好的心态，我们必须随时保持一颗平常心，不骄傲、不气馁、不抱怨、不嫉妒，做自己的事，做真实的自我，这样你才能做到宠辱不惊，笑看天外云卷云舒，胜似闲庭信步。

一个好的气度，会让你在生意场上游刃有余、挥洒自如。

3.发挥你的气场

有一种人，不管他走到哪个场合，都像一个君临天下的主宰者，言谈举止中都充满了一种让人信服的霸气。他的出现往往会带动整个会场的气氛，会引起众人的关注，会让谈判走向高潮，会在不经意间就达成结果。

这就是气场，也有人称之为磁场。无论是“气”，还是“磁”，都带有相吸的意思。

要想成为一个带有气场的人，必须做到以下几点：具有敏锐的观察力和亲和力，能够从谈判过程中的每一个人、每一个细节，甚至每一句话中捕捉到有价值的信息，你的亲和力同时也能感染在场的每一个人；必须有绝对的控制力和决断力，要能够绝对地掌控和引导谈判的走向和话题，要能在关键时发挥你的决断力来决定成交与否；要敢于大声地说NO（不），谈判最主要的一点就是要坚持原则，决不轻易让步，面对客户无礼的要求绝对不能妥协，不能轻易让步，该出手时要出手，该说NO时要说NO；要有丰富的专业知识和高超的谈判技巧，你如果是生意场上的专家，那所有的专业问题都难不倒你，你如果有高超的谈判技巧，那么任何的交流和沟通都不成问题；要有大气的风度和幽默感，谈判不能在一种严肃而紧张的氛围内进行，必须在一种大方而没有压力，甚至很轻松，时而能够开怀大笑的氛围内完成，这样不但能达成交易，还能与客户成为朋友，对以后的二次购买有很大影响。

如果你拥有强大的气场，那么你就能拥有一种霸气，仿佛君临天下，在任何场合，面对任何人都能主导话题的走向，主导别人的思维，让别人彻底折服于你。

不断学习，不断提升自身的素质和修养，不断地培养和形成自身的鲜明个性和人格魅力，才能最终成为一个优秀的“三气”销售员。而这“三气”，也不仅仅是在销售上对你有所帮助，它也是你人生的宝贵财富，即使哪一天你离开销售岗位，但这“三气”依然在你身上，一直伴你到老，伴随你获得另外的成就和财富。

一般来说，销售人员的性格特质、气场，大致可分为6种类型。

（1）百变金刚型，也就是“特别会来事儿”型：这一类型的销售员，先天条件得天独厚，善于跟各种不同性格、不同气质、不同文化层次类型的客户打交道。别人一开口，他就知道对方到底是什么意思。而他自己一开口，就能说到对方心坎儿里！然后，办事分寸、节奏，拿捏得相当到位。往往能以较小的付出，得到超强的回报！

这类人，如果去推销一般低利润、低附加值的产品就可惜了，应该去承接系统性的项目，因为这类项目，有可能要跟一个大单位里的不同层级、不同性格特质的人打交道。如果文化层次高、专业素养好，可以去承接IT工程、科技改造项目工程之类的；如果文化层次一般，也可以去承接基建之类的“关系特别复杂”的项目；最不济，也能卖个高端人士保险什么的。

（2）理性实在型、专家型：适合于配套批发类项目，或者套用网商流行语：B2B的项目。对方买了你的产品，一般不是去消费的，是要拿来为他产生经济效益的。当然，也适合于销售一些以性价比见长的产品，对象为理性消费者。

（3）感性实在型，也称“傻得可爱”型：适合于一些比较简单，金额不太大的产品。

（4）激情感召型：适合于相对额度不太大（当然要看对谁而言），冲动型消费。

（5）乖巧型：属于第一类型与第三类型的“混合初级版”。可以搞些小项目或者一些覆盖面比较广、针对客户群层次跨度较大的中小额度产品。这些产品同质化程度比较高，客户跟谁买都是买。比较“喜欢你”，就跟你买喽！

（6）气质偶像型：一些有档次、有形象的奢侈品，如时装、豪华车等。

销售，其实是建立在双方需求基础上的“气场”的对接。包括：你和产品的对接；你和客户的对接；你和管理者、老板的对接；你和团队的对接。

比如，你和产品的对接，你不光要了解产品的核心卖点，而且要感受这个产品、这个卖点，“气场”跟自己的特质是否匹配。比如奢侈品、朴实品、特色品、性价比理性品等，所匹配的销售员是不一样的。

同理，不同“气场”类型的客户，往往会跟不同“气场”的推销员特别“有缘”。

所以，初入职场的销售员要注意了，起步阶段，就怕“入错行”。你是偏向于哪一种气场类型的，就要找与此相匹配的产品类型，否则，事倍功半，徒然打击自己的自信心。当然，不同境界层次的销售员，他的“气场”频谱宽度不一样，导致能适应匹配的行业、产品、客户群的范围不一样。比如上述第一境界“百变金刚型”的，适应匹配度就非常宽；而“感性实在型”的就会偏窄一些。大多数职场人士是比较混合型的，但是慢慢开始会偏向某一型，需要在职场的修炼中逐步拓宽自己“气场”的宽度和力度。每位职场人士要对自己当前的现状有一个精准的分析。

还有，即使进了一个比较匹配的公司，如果你确定你目前还不是最高境界“百变金刚型”的，那么，在筛选准客户的时候，不要太“贪心”，有些客户，跟你的“气场”明显不配，不妨放弃。毕竟，人的精力、时间是有限的。同事之间，既是竞争对手，但也可以成为同盟、朋友。如果你和某几个跟你的“气场”有互补性的同事、同行关系不错，不妨有时，友情引荐一下自己不合适的准客户，与人方便，自己方便。

最重要的，是不要受某些形而上学的销售员准则的影响，如“锲而不舍”“永不放弃”“以精神、诚意感动客户”等等的误导。不是说这些没用，只是用的时候要有个度。毕竟，真正成功的推销员，每人都有自己摸索出的绝招、套路，大家耳熟能详的这种“精神”，只是一个辅助方面。

销售咨询小法宝——经常发布产品信息

网上的信息千变万化，想要让你的店被大家看到，你就需要经常发布产品信息，一定要让客户能够搜索到你的产品。

所以要经常发布产品信息，让信息靠前。不然就会淹没在海量信息中，如石沉大海，是得不到机会的。

06

销售者的五大准则

我们每个人都希望得到别人真诚相待，当然作为客户也是一样！现代营销学之父菲利普·科特勒曾指出：人类消费的第三阶段是感情的消费。如果客户拒绝了我们，说明我们的感情攻势还没到位，我们只有投入更多的感情，用更好的心理策略才能打动对方。

真诚的另一层含义就是“诚信”，“人无信不立”，可以说，诚实守信是做人的基本原则，也是销售的第一准则。

有时候，爱上一个人只是因为不经意间的一回眸，温暖人心的一举手一投足。微微一笑桃花开，这就是情感的力量。同样，在销售中，情感攻势比什么销售技巧都能最持久，最让人心动，最能达到销售目的。

用真情打动客户

怎样才能打动客户，没有套路只有真心？

我们每个人都希望得到别人真诚相待，当然作为客户也是一样！现代营销学之父菲利普·科特勒曾指出：人类消费的第三阶段是感情的消费。如果客户拒绝了我们，说明我们的感情攻势还没到位，我们只有投入更多的感情，用更好的心理策略才能打动对方。那要怎么做呢，下面介绍几种方法。

在表达不同见解时，也要让客户体会到我们是真心为他好，在情感上表达出诚恳与关怀，这样客户才更容易接受我们。比如：

客户："你们的 ×× 价格偏高，比 ×× 公司的高了 15%。"

面对这样的言论，不管对方说的是否属实，我们千万不要急于反驳对方，应该顺着他的思路往下说，让对方在轻松的心态下听取我们的意见。

错误表述："不是您说的这么回事，他们的 ×× 元，我们的 ×× 元……"

正确表述："您说的一点没错，同时，质量也是上乘啊，您说是不是？"

要让客户接受我们的不同见解，一定要在言语里体现真情实意。在与客户交流时，我们做好以下几点，客户会更加积极地接纳我们：

（1）懂得自己是服务者的身份，说话保持分寸。

（2）保持平和、积极的心态，不要口不择言，伤害客户。

（3）视场合、对象恰当地表达不同意见，客观地反映事实。

（4）维护客户的自尊心，处处给客户留个台阶。

用委婉的方式提出不同见解，客户不会觉得遭到否定，心理上也有个放松时间，这样客户会觉得舒服些，更容易接受我们的意见。

真诚的另一层含义就是“诚信”，“人无信不立”，可以说，诚实守信是做人的基本原则，也是销售的第一准则。而造成信用缺失的并不是曾经许下的“大承诺”，反而是言谈中应承的“小事情”。就是因为这个诺言“小”，所以更容易被忽视、被遗忘，甚至有的人会把这种应承“小诺言”当成一种无意识的行为。但说者无心，听者有意，当这种无心的“小诺言”一次次地被忽略之后，被许诺者就不会再信任你了。

为了给客户真诚的印象，我们可以制造一个小承诺，然后积极地实施它，这样也就向对方输出了一份真诚。

有时候，爱上一个人只是因为不经意间的一回眸，温暖人心的一举手一投足。微微一笑桃花开，这就是情感的力量。同样，在销售中，情感攻势比什么销售技巧都能持久，最让人心动，最能达到销售目的。

某房地产公司经纪人小阳有个“良好习惯”：每到周五下班后，便静静地坐在办公桌旁，拿起手机，拇指飞速地转动，编织一条条亲切的问候信息发送到客户手机上。周六一天时间也是忙着与客户聊些家常。人们常常收到信息，但像小阳这样两年多来每周坚持发送信息的却很少。“把客户当朋友”。小阳在问候中，绝口不提任何与业务有关的话语，只是把客户当亲密朋友。

几个月下来，许多客户在星期六就开始念叨，“小阳的消息怎么还没到啊”。 精诚所至，金石为开。很多客户在有需求的时候，往往会第一时间想到小阳，仅这样，每月带来的老客户创造的新业绩都在好几万元。亲切、贴切的短信问候，让客户养成了一种习惯——记住“自己”。这种贵在细水长流的维系方式，一定要做到贴切有度，不要引起客户的反感。

心理学家研究表明，由于做出过失行为而产生“内疚感”的被试者，与没有产生“内疚感”的被试者相比较，前者更加愿意主动帮助他人，特别是帮助那些因自己的过失行为而受到伤害的人。内疚感是一种“善意威胁”，善于利用内疚感的精明之处就在于利用对方做出符合道德的作为和利他行为的感情动力。

那么，在销售中，如何发挥好“内疚感”的最佳功能呢？我们已经知道，人一旦感觉到内疚，就会以行动来减轻内疚感，并努力维护自我价值感和自我形象。所以，我们可以通过提升他们对诸如说谎、损坏、伤害、欺骗等违规行为的意识，来增加他们的合作意愿。一旦我们告诉对方，他们这样做会引起的后果和对我们的伤害，就能激起他们内心的帮助意识，从而更好地与我们合作。

日本的大企业家小池年轻的时候也做过销售。有一次，他居然在不到半个月的时间里，就和30多位客户签订了购买合同。但是没多久，他在一个偶然的情况下，突然发现自己的产品比别的厂家的产品要贵很多。他当时的考虑是：如果那些客户们也知道了这个情况，一定会对自己的信用产生怀疑。那么自己宁愿不做这些生意，也要诚恳待人。

于是，他带好订金和订单，花了3天的时间逐一去拜访那些客户，说明来意，并把订金退还给他们。他没有想到，客户们被他的真诚所感动，不仅没有收回订金，还表示以后的生意一定要和他做。就这样，小池用他的真诚得到了客户们的信任，以后生意越来越好，终于成就了他的伟大事业。

真诚是发自内心的言行与思想一致的表现，如果我们友善亲切的面孔仅仅是为生意而“摆出来的”，推销时是一副面孔，平时又是另一副面孔，这对于客户来说，是非常残忍的。所以，我们应该把客户真真正正、确确实实地当成能够互相帮助、互通有无、彼此信任的好朋友。

最有效的输出真诚的窍门是对别人真心诚意地感兴趣。一旦我们真心地对别人感兴趣，我们就能迅速赢得对方的信任和合作机会。而那些在生意上成功的人，通常都非常真诚，因为他们往往会先为对方着想，时刻都在关心和关怀着他人，这是他们的一个重要特质。当我们真诚地与客户交往时，我们一定要在心理上做到“随时随地听您的吩咐”，同时也要将这层意思清晰地传达给客户，它能迅速化解我们与客户之间的距离，使双方获得拥抱未来的机会。

很多时候，感动客户并不需要我们付出多少，也许只是举手之劳罢了。通过一些小事，在一点一滴中，感动就会蔓延滋长，悄悄扩散，牵动客户的心弦，最终在不经意间达到你的目的！

今天，销售成功的趋势已经从“让客户满意”转为“让客户感动”，正如一位资深的销售人员所说，做营销是一个感动客户和被客户感动的过程。让“客户满意”可以通过制定一定的标准，通过一些监督完全做到，而让“客户感动”既无标准也无法监督，这需要我们在营销过程中积极创造感动，研究客户心理，让客户不断被你感动！然而，在实际工作中，很多人却忽视了“感动”这个销售武器。

老子曰：“大音希声，大象无形”。且不管销售是如何被定义的，但最终还是回归到和人打交道，还是做人的工作。只要是正常人，就难免有七情六欲，有情就从“情”入手！很多营销手册会告诉你销售的技巧，其实，最高的销售技巧就是，归根结底认识“情”！但大家都纠缠于营销的“形”，却忘了去关注营销的“情”，所以得到的也不会是“大象”！

销售工作是一个很细致也很系统的工作，需要大量的投入，投入时间，投入精力，更重要的是投入真诚的心！只有心是真诚的，才能感动客户。可惜有很多销售人员认为，只要把自己的货卖出去、把客户的钱拿到手就达到最终目标了，这种想法已经远远落伍了。

销售卖的不仅是产品，还包括服务、人品、销售人员的个人魅力等。作为一个销售人员，长相可以不出众，口才可以不好，但是一定要会用情，要会感动客户，善于抓住客户的心理需求，去触动客户心底的琴弦。如果能让客户感动得“泪流满面”，那还有做不成的生意吗？

以下这 17 种感动顾客的方法，我们姑且暂称为“感动客户的十七般武器”，希望对销售人员有所帮助：

◇谈论客户感兴趣的话题，产生共鸣。

◇抓住客户的爱好，并投其所好。

◇关心客户的生意，让他感觉自身利益有所保障。

◇关心客户的身体，嘘寒问暖更能深入人心。

◇记住客户的生日，及时送上小礼品表达心意。

◇适时适量发送问候祝福短信，表达关怀。

◇帮助客户出主意，但最好不要涉及商业机密。

◇帮助客户买东西，不单推销你的东西。

◇常常探望客户，与客户保持联系。

◇帮助客户做些无关生意的事，如交电话费等。

◇以叔叔阿姨的名义，帮助客户的子女。

◇记住客户家庭成员的生日以及相关的重要日子，真诚地奉上礼物。

◇最冷最热、下雨下雪的时候拜访客户，营造风雨无阻的感觉。

◇赢得客户当家人的信任，尤其是出钱的那位。

◇送礼物、送心意。

◇尽最大努力满足客户需求，即使已经降到最低价位仍然保持微笑。

◇及时做好商品的售后服务，把客户变成回头客。

也许你会说，感动客户的方法远远不止这些。是的，销售是一门艺术，天马行空，没什么定式，但无论采用何种手段，最重要的途径仍然是了解客户的心理，攻克客户的心理防线，事情就好办了。

销售咨询小法宝——利用博客赢得客户信任

增强客户对你店面的信任感。因为毕竟是网络营销，大家彼此见不到，那么要完成订单就要靠互相的信任。

所以，可以利用一些博客来帮助销售，你可以在里面多写一些产品值得信任的证据，解决了信任的问题，下单就会很快了。

尊重客户，从牢记客户名字开始

尊重人，有很多方面要注意，首先我觉得最基本的一项就是记住一个人的名字。

小A在一家财务公司上班，每天负责公司的一些财务事务，有的时候也要和市场部的人员交涉，因为市场部的数据需要财务确认。刚来公司的时候，公司人员挺多的，有近50人，她需要一个个去认识，着实花了不少时间和精力，刚开始的时候，还跟我抱怨公司人太多，后来，她慢慢都认识了，基本可以叫得上名字了。一开始的时候，总有一两个人叫错她的名字，她每次都很耐心地解释一遍自己的名字。后来，已经过了几个月了，在一天下午，有个同事叫错了她的名字。她感到很诧异和生气，为什么过了几个月了，还有人会叫错自己的名字？

后来，她还特意问我，这是不是她的问题，还是同事的问题？那一瞬间，我就立马回复她了，我很确定很郑重地告诉她，这是那位同事的问题，绝对不是她的问题。

她在公司是比较尽职敬业的，几乎每个人都认识，因为她一开始就下定决心要记住所有人的名字，后来在工作中，也确确实实很认真学习，没有叫错别人的名字。

人与人之间的交往，都是相互的，凭什么你就记不住我的名字，而要我来迁就你？就像那位同事一样，连与自己工作了几个月的同事的名字都可以记错，那他还有什么脸面要求他人尊重他呢？

如果你是一名销售人员，那么你记得住客户的名字吗？和客户的接触过程中，始终能很快、很自然地叫出客户的名字，会让客户觉得自己受到了尊重，可以缓解客户初期对销售人员的抵触心理。如果忽视这一点，将很难在销售工作中取得好的成绩。试想一下，当你拿起一张包括你在内的合影时，你最先观察的人是谁呢？毫无疑问，一定是先看你自己。当考试成绩下发时，你会先找谁的成绩呢？不用说，自然是先找到属于你的成绩。人们为什么会有这样的举动？那就是因为人们希望别人知道他们，他们希望获得别人重视。

由于人类最关心的就是自己，所以人们也非常关心自己的姓名。假如你能够尊重并且牢记他人的姓名，就表示你比较在乎他，这不但可以帮助你建立良好的人际关系，而且对你的营销业务拓展也会有很大的帮助。

安德鲁·卡内基是举世闻名的钢铁大王。但是他年轻的时候对钢铁行业根本一窍不通，那么他是如何成功的呢？据他说，是因为他很尊重别人的姓名。

在卡内基10岁的时候，他的叔叔送给他一只小兔子，不久之后，这只兔子就生下了一窝小兔子。但是他的零用钱有限，他没有能力来抚养这一窝小兔子。于是，他想出了一个绝妙的点子，他告诉周围的小朋友，只要他们肯送食物给小兔子吃，那么这些小兔子将会用送食物的这些小朋友的名字来命名。

周围的小朋友听了他这个提议后立刻踊跃地提供食物。这件事给了卡内基深刻的启示：人们都十分在乎自己的姓名。

在卡内基长大成人以后，有一次为了竞争太平洋铁路公司的卧车合约，他与自己的竞争对手布尔门铁路公司针锋相对。双方为了拿下这笔生意，不断降低自己的报价，到了最后甚至连一分钱的利润都没有了。

不久之后，卡内基与布尔门共同来到纽约会见太平洋铁路公司的董事长，而后他们在一家饭店门口偶遇。

卡内基对布尔门说："我们这不是在作践自己吗？"

布尔门回答："你说的是哪件事情？"

卡内基说："哦！别装糊涂了，我的朋友，你应该知道恶性竞争的危害，不如我们化解恩怨，携手合作知何？"

布尔门思考了一会儿突然说："假如我们合作的话，新公司要叫什么名字呢？"

卡内基突然想起了自己童年养兔子那件事，他立刻说："当然要叫'布尔门卧车公司'了！"布尔门听后眼睛放光，立即同意了卡内基的提议。

过了不久，卡内基在美国宾夕法尼亚州匹兹堡建了一家钢铁厂，专门生产火车轨道。当时，美国宾夕法尼亚铁路公司是需要火车轨道的大客户，该公司的董事长叫汤姆生。卡内基此时又想起了兔子的故事，于是，他把自己的新钢铁公司叫作"汤姆生钢铁厂"。汤姆生听后大为高兴，立刻宣布以后进货都要从"汤姆生钢铁厂"购买，而卡内基的生意也越做越兴隆。

凭借着这一套"尊重别人姓名"的本事，卡内基在商界所向披靡，最后成功建立起了自己的钢铁王国。

在看过卡内基的故事之后，你是否已经了解"尊重别人姓名"的重要性了？

我们常听很多人说："我的记性真的好差，老是记不住别人的名字。"或者："我每天要接触那么多人，他们的名字会把我的记忆搞乱，因此我总是没办法把人和名字对上号。"

记别人的姓名难道真的很困难吗？

雪佛兰通用汽车分公司的总经理巴布·兰德可以记住6000个人的姓名；美国前邮务总长杰姆可以记住5万个人名！

巴布·兰德记住的6000个人名都是雪佛兰汽车经销商的名字。在每一次经销商联盟会议的时候，兰德都能准确地叫出每一位经销商的名字，并且亲切地和他们进行寒暄。他这种超乎常人的记人名本领是他成功的原因之一。

杰姆10岁的时候，他的父亲就去世了，而家境贫寒的他连小学都没读完。但是在他46岁的时候，他已经获得了4所大学的荣誉学位，后又担任了美国的邮务总长。

当有人问起杰姆成功的原因时，杰姆骄傲地说："我的成功秘诀就是能够牢记5万个人的名字。"这套特殊的本领甚至为富兰克林·罗斯福竞选美国总统起到了重要的作用。他的所作所为给美国的政治人物上了最宝贵的一课——要想选举获胜，必须牢记选民的大名。

或许你会说，杰姆和巴布·兰德都是特例，他们是"超人"，一般人根本做不到这一点。其实不然，背人名和背英语单词一样，只要你肯用心，就一定会成功。

对于大多数人来说，记住几十个、几百个名字并不困难，但是要想记住几千、几万个名字就十分不易了。如果想让营销工作顺利展开，牢记人名的技能就必须掌握。以下是牢记人名的几个方法：

1.用心倾听

要想牢牢记住别人的姓名，首先就要端正自己的态度，把牢记人名当成重要的事去做。每当认识新朋友的时候，你一定要注意用心倾听对方的名字，一方面要牢牢地记住，另一方面要记住对方的长相。如果你没有听清对方的名字，请立刻再问一遍。要记住，每个人对自己的名字都比全世界所有的人名加起来还要关心。

2.利用笔记

好记性不如烂笔头，如果你觉得在脑海中实在记不住繁杂的人名，找个本子记下来吧，不要太信任自己的记忆力。在得到对方的名片后，你可以把对方的特征、嗜好、生日等详细信息写在他的名片后面，以此来帮助你进行记忆。当然，如果你能做一张专门的资料卡，那就更理想了。

3. 多重复

重复一个人的姓名可以帮助你更好地记忆。因此，在初次谈话的时候，你不妨多叫几次对方的姓名。如果对方的姓名比较冷僻或者奇特，你不妨请教其名字的写法和姓氏的来历。

销售咨询小法宝——提高浏览量

多去网上回答问题、提问题，不仅为别人解决了问题，很多自己的问题也容易解决了。把自己的积分和级别提上去之后，曝光率就会提高，这样就会大大提高浏览量。

销售10大成交法

1.请求成交法

请求成交法又称为直接成交法，这是销售人员向客户主动提出成交的要求，直接要求客户购买商品的一种方法。

（1）使用请求成交法的时机。

①销售人员与老客户。销售人员了解顾客的需要，而老客户也曾接受过推销的产品，因此老客户一般不会反感推销人员的直接请求。

②若顾客对推销的产品有好感，也流露出购买的意向，发出购买信号，可又一时拿不定主意，或不愿主动提出成交的要求，推销人员就可以用请求成交法来促成客户购买。

③有时候客户对推销的产品有兴趣，但思想上还没有意识到成交的问题，这时销售人员在回答了客户的提问，或详细地介绍产品之后，就可以提出请求，让客户意识到该考虑购买的问题了。

（2）使用请求成交法的优点。

①快速地促成交易。

②充分地利用了各种成交机会。

③可以节省销售的时间，提高工作效率。

（3）请求成交法的局限性。

请求成交法如果应用的时机不当，可能给客户造成压力，破坏成交的气氛，反而使客户产生一种抵触成交的情绪，还有可能使销售人员失去了成交的主动权。

2. 假定成交法

假定成交法也可以称为假设成交法，是指销售人员在假定客户已经接受销售建议，同意购买的基础上，通过提出一些具体的成交问题，直接要求客户购买商品的一种方法。

例如，“张总您看，假设有了这样的设备以后，你们是不是省了很多电，而且成本也有所降低，效率也提高了，不是很好吗”，就是把拥有产品以后的好处那种视觉现象描述出来。

3. 选择成交法

选择成交法，就是直接向客户提出若干购买的方案，并要求客户选择一种购买方法。比如，“您的煎饼是加两个蛋呢，还是加一个蛋？”“还有，我们礼拜二见还是礼拜三见？”这都是选择成交法。从事销售的人员在销售过程中应该看准顾客的购买信号，先假定成交，后选择成交，并把选择的范围局限在成交的范围。选择成交法的要点就是使客户回避要还是不要的问题。

（1）运用选择成交法的注意事项：销售人员所提供的选择事项应让客户从中做出一种肯定的回答，而不要给客户有拒绝的机会。向客户提出选择时，尽量避免向客户提出太多的方案，最好的方案就是两项，最多不要超过三项，否则你不能够达到尽快成交的目的。

（2）选择成交法的优点可以减轻客户的心理压力，制造良好的成交气氛。从表面上看来，选择成交法似乎把成交的主动权交给了客户，而事实上就是让客户在一定的范围内进行选择，可以有效地促成交易。

4. 小点成交法

小点成交法又叫次要问题成交法，或者叫避重就轻成交法，是销售人员在利用成交的小点来间接地促成交易的方法。

某办公用品推销人员到某办公室去推销碎纸机。办公室主任在听完产品介绍后摆弄起样机，自言自语道：“东西倒挺合适，只是办公室这些小年轻的毛手毛脚，只怕没用两天就坏了。”

推销人员一听，马上接着说：“这样好了，明天我把货运来的时候，顺便把碎纸机的使用方法和注意事项给大家讲讲，这是我的名片，如果使用中出现故障，请随时与我联系，我们负责维修。主任，如果没有其他问题，我们就这么定了？”

保留一定的成交余地，有利于销售人员合理地利用各种成交信号有效地促成交易。

5. 优惠成交法

优惠成交法又称为让步成交法，指的是销售人员通过提供优惠的条件促使客户立即购买的一种决定的方法。例如，“张总，我们这一段时间有一个促销活动，如果您现在购买我们的产品，我们可以给您提供免费培训，还有 3 年免费维修”。这就叫附加价值，附加价值是价值的一种提升，所以又称之为让步成交法，也就是提供优惠的政策（尽可能让客户感觉到附加价值多于它的价格，你就赢了）。

6. 保证成交法

保证成交法是指销售人员直接向客户提出成交保证，使客户立即成交的一种方法。所谓成交保证就是指销售人员对客户所允诺担负交易后的某种行为，例如，“您放心，这个机器我们 3 月 4 日给您送到，全程的安装由我亲自来监督。等没有问题以后，我再向总经理报告”“您放心，您这个服务完全由我负责，我在公司已经有5年的时间了。我们有很多客户，他们都接受我的服务”。让顾客感觉你是直接参与的，这是保证成交法。

（1）使用保证成交法的时机。

产品的单价过高，缴纳的金额比较大，风险比较大，客户对此种产品并不是十分了解，对其特性质量也没有把握，产生心理障碍，成交犹豫不决时，销售人员应该向顾客提出保证，以增强信心。

（2）使用保证成交法的注意事项。

应该看准客户的成交心理障碍，针对客户所担心的几个主要问题直接提示有效的成交保证的条件，以解除客户的后顾之忧，增强成交的信心，促使进一步成交。

根据事实、需要和可能，向客户提供可以实现的成交保证，切实地体恤对方。（大哥，安全性你放心好了，我们是市场具有代表性的专业第三方基金销售公司，这么多年都这么做过来了，如果连安全性都不能保障，怎么谈后续的赚钱呢？您说对吧？）

7.从众成交法

从众成交法也叫排队成交法，利用顾客的从众心理，大家都买了，你买不买？这是一种最简单的方法。

从众成交法可以减轻顾客担心的风险，尤其是新顾客，大家都买了，我也买，可以增加顾客的信心。但是从众成交法有一个缺点，可能引起顾客的反从众的心理。（这个基金表现很好，前面群里很多人都买了，现在都是在获利状态，您看它的历史业绩……）

8.机会成交法

机会成交法也叫无选择成交法、唯一成交法、现在成交法、最后机会成交法。例如：“我们这个机器只剩下 3 台了，我们最后的优惠时间只有一个星期了……”这就是机会成交法。

9. 异议成交法

异议成交法就是销售人员利用处理顾客异议的机会直接要求客户成交的方法，也可称为大点成交法。因为凡是客户提出的异议，大多是购买的主要障碍，异议处理完毕如果立即请求成交，往往能收到趁热打铁的效果。

10. 小狗成交法

小狗成交法来源于一个小故事：

一位妈妈带着小男孩来到一家宠物商店，小男孩非常喜欢一只小狗，但是妈妈拒绝给他买，小男孩又哭又闹。店主发现后就说：“如果您喜欢的话，就把这个小狗带回去吧，相处两三天再决定。如果您不喜欢，就把它带回来吧。”几天之后，全家人都喜欢上了这只小狗，妈妈又来到宠物商店，买下了这只小狗。

这就是先使用、后付款的小狗成交法。有统计表明，如果准客户能够在实际承诺购买之前，先行拥有该产品，交易的成功率将会大为增加。

现在还可以加一种方法：舍小求大法。

舍小利为大谋是一种哲学的思路。人非圣贤，谁都无法抛开七情六欲，但是，要成就大业，该舍的就得割舍，该忍的就得从长计议。我国历史上刘邦与项羽在称雄争霸、建立功业上，就表现出了不同的态度，最终也得到了不同的结果。苏东坡在评判楚汉之争时就说，项羽之所以会败，就因为他不能忍，不愿意舍弃小利益，白白浪费自己百战百胜的勇猛；汉高祖刘邦之所以能胜，就在于他能忍，懂得舍小利为大谋的道理，养精蓄锐，等待时机，直攻项羽弊端，最后夺取胜利。在生活中，我们只有经常舍弃一些小利益，一切从长计议，才能不被一些小利益迷惑，灵活变通地为人处世，最终达到我们的目标。

《庄子》中提到过一桩买卖，宋国有一个家庭作坊，世代以漂丝为业，为了能在冬天作业，这个作坊发明了一种“秘制冻疮膏”。尽管他们世世代代勤奋工作，但却收入菲薄，生活贫困。一位鲁国的客商知道“秘制冻疮膏”以后，向作坊提出了一个不可能被拒绝的收购条件，以100两黄金买下整个作坊以及“秘制冻疮膏”的配方。

当天晚上，宋人作坊聚族而议，他们说：“我们祖祖辈辈以漂洗丝絮为生，收入少、生活苦，如果我们将作坊和配方一起出售，立刻就能获得大笔金钱，有钱之后再开一家更大的作坊，何乐而不为？”于是，宋人家族全体同意把作坊和配方一起卖给鲁国客商。

鲁国商人得到配方以后，连夜赶赴吴国，将花费100两黄金购得的“秘制冻疮膏”的配方免费献给了吴王。他对吴王说：“今后吴国将士在寒冬腊月打仗，再也不用为天冷冻手，抓不牢兵器而犯难了。”

不久，越国大兵压境，吴国告急，此时正值隆冬，吴越两军又是进行水战。由于吴国将士涂抹了秘制冻疮膏，战斗力大为提高，因而大胜越军。吴王大喜，立刻决定对鲁国商人封疆裂土，赏黄金万两。

同样是拥有秘制冻疮膏，宋国人只能世世代代在漂洗蚕丝时用它，结果贫困交加，因为他们并不知道冻疮膏对吴王的价值，相当于抱着金饭碗讨饭吃。而鲁国商人如果仅仅是拿冻疮膏来满足市场的需要，他极有可能垄断市场，取得10倍的利润。可是这位有“眼光”的商人，他却懂得“看人、看事、看时”，他看到了宋人手里这个不起眼的东西，而这不起眼的东西在吴王的眼中却是“无价之宝”，于是他“雪中送炭”献于吴王，解吴国于危难之中；此后，他的秘制冻疮膏因为被“国王专用”而身价百倍，最终这位鲁国商人在得到金钱和美誉后，又为我们留下了精彩的案例。

在以上案例中，鲁国商人的经商智慧和远大理想就相当于庄子得到的珠宝。有了智慧和理想，他便想获得一国之君的支持，于是他为吴王找来了战胜敌人的“冻疮膏”，当吴王使用冻疮膏这一“诱饵”的时候，他也就成了鲁国商人钓上来的大鱼。最终，鲁国商人凭借“舍小”而实现了“求大”。

所以，巧用舍小求大法能签大单！

端正人品，才能让客户相信你

优秀推销员都是人品端正的人。人品端正也是现代推销员必备的一个基本条件。只有人品端正，别人才能尊重你、信任你，才能把你当朋友，作为生意上的伙伴。要设身处地为客户着想，真心诚意为客户服务，和客户交朋友，实行客户固定化策略，发展客户关系，因为客户是企业及市场销售人员最重要的资源。

不诚实的推销员绝不可能成就大事业，须知，欺骗客户就是欺骗自己！一般企业招聘营销人员时，品德都列为第一重要条件，因为消费者、客户、社会大众一般都是通过推销员来获知企业的形象、企业的素质、企业的层次，推销员是企业与社会接触的最前沿，是向社会反映企业的一面镜子。社会大众通过对营销人员工作的认可来接受这个企业、这个企业的产品。如果一个企业的推销员态度好、敬业、品德高尚，消费者会更快接受该企业的产品。

“要做生意，先做人”。德才兼备，首先要成为品德高尚的人，有才华才能称为真正的人才；否则，品德不正，不但客户不会相信你，而且你的老板、管理者也不会信任你。

对于职业销售人员，很多人都会不自觉地有些抗拒。怎样才能使你的人气爆表，使别人都喜欢你、接纳你、帮助你呢?

作为专业的销售人员，你要先学会笑才能进入这一行，因为不会笑的销售人员是不会有人喜欢的。不是假笑，而是真诚地笑。有些人看到有权有钱的人就满脸堆笑，看到管理者、上司就嬉皮笑脸地笑，有求于人的时候就卑微地笑，如果不是真心的微笑，别人是会看出来的。很多时候你觉得不是你准客户的人，也许是你对他还不够深入了解，你不知道别人可以对你有多大帮助，所以要学会和谁见面都要发自内心地微笑，让别人对你留下美好的印象。

一个销售人员不要因为自己的职业就看不起自己，一脸的没自信是不会有人去支持你的，因为别人看到你不自信的一面，也会对你没信心。所以自己要掌握专业知识，要对自己的能力有信心，这样别人才会被你所打动，才会相信你，接受你给他们所做的推荐。

不管是销售人员还是哪个行业的人员，都需要诚信，一个说话讲信用的人，人品绝对不会差。答应别人办的事情一定要说到做到，得到别人的帮助一定要学会感谢；在工作上不要马马虎虎，一定要按照计划完整做好；对于其他金钱方面的事情一定要记得清清楚楚，不要对别人有亏欠。一个做事永远真实诚信的人才会赢得别人的尊重，别人才会对你真心接纳。就算你是销售人员，别人不接纳你的产品，也会把你记在心里，一有机会就愿意帮你转介绍，或许有一天他也会成为你的忠实客户。

至于善良的人，好人有好报，不要自以为聪明，做事情就工于心计，不计后果，或者耍小聪明欺骗别人。做人善良是一种选择，聪明是一种天性，当你聪明且做人善良，那就是一种大智慧，谁都喜欢尊重有智慧的人，愿意和有智慧的人打交道，愿意以他们为榜样。善良的人都有爱心，爱心是一种职业道德的衡量标准，如果你善良，别人就会相信你的职业道德，就会愿意相信你的产品。

在明白如何成为善良的人、真诚的人之后，你的交际圈就会很容易扩大，因为身边的亲友都愿意把你介绍给他人。如果销售人员有一个做人的好口碑，那么离成功就不远了。如果你会做人也会交际，通过各种联谊、各种兴趣去扩大自己的朋友圈，去做到认识你的人都喜欢你、接纳你，那么谁也不会再计较你是推销员，就不会说你的产品不好，反而会因为你的人缘去主动认识你的产品，称赞你的产品，推荐你的产品，这就是积累人品之后就有了人气。

平时对于认识的人，不管交情的深浅，都要有一颗热情的心，就算你不会做的事情也要说明白，或者转介绍给你信赖的人去帮助他们。懂得帮助别人，热情友好，这样你的朋友才不会看不起你，才不会因为你是推销员或者是某某不喜欢的产品的销售人员而讨厌你，反而你的热情会让他觉得你是值得信赖的人。

销售产品其实是销售人品。

人的财富和运气藏在你的起心动念中，你的起心动念决定着你的财富。每天想钱想疯了的人不一定就可以赚到大钱，每天想当官的人不一定能当得了大官。有的人急穷急富，今天看似赚了一笔，钱还没焐热，又送到了医院，就算不是医院，也总有一个窟窿在等着你。钱只是让你徒增烦恼而已。

当你做事的起心动念是为顾客着想，你坚信你的产品、你的行为真的能给对方带来切实的好处，你的发心是善良的，你才可以吸引到顾客。一个好的推销员一定是先有一个善良的愿望和坚信可以给别人带来利益的人。

我们坚信每一个产品的问世，一定是发明者付出了心血和精力验证了的有用的、有益的东西，并且确实有受益人群，这个产品才能够发扬光大。

而现实生活中，由于我们大多数人因为自己的生活经历和见识的局限性，就两眼盯着钱入了门做销售，在推销产品时没有心思去领悟与体验，直接上道推销挣钱，好好的产品都被披上了骗子的外衣。

保险行业就是一个很好的例子。

有一名保险推销员因急着搞业绩，不和顾客讲清楚保险产品的细节，把一份大额保险产品推销给一个入不敷出的家庭，放大保险的利益收成，两个急着想赚钱的人一拍即合，这个人把自己家仅有的积蓄5万元拿出来买了一份保险，结果这份保险是每年都交5万元才行，在第二年这个顾客就拿不出5万元了，发愁借钱都借不来，面临着要退保还要承担损失的风险，这样的结局到底是谁能发财?

姐姐有位同事，曾经在一起工作时与人斤斤计较，在我姐心里就不认同她这个人。现在这位同事又做起了直销产品，我姐也通过陌生人做起了同款产品，这位同事颇为惋惜地说：没想到我们又会干同一行业，你要是从我这里买产品还能给我完成个任务。我姐回来和我们说：我宁可从陌生人那里买产品，也不会从她那里买，那个人太不可打交道了。所以，你津津乐道在推销你的产品，你知道你在对方眼中是怎样的？你知道对方正在想什么吗？记住：你的人品比产品更重要。

有很多销售员刚开始就急于介绍自己的产品，倒不如讲讲自己的故事，故事里藏着人品。有句话说：读万卷书不如行万里路，行万里路不如阅人无数，阅人无数不如名师指路，名师指路不如自己领悟。当今社会不缺产品，慢慢品味自己走过的路，回味一下自己经历的成功与失败，什么时候领悟到都不晚。

很喜欢两句话：正人行邪法，邪法亦正；邪人行正法，正法亦邪，一切唯心造。当你心邪时，虽然身处圣境，也是邪道；当你心正时，就算身处魔宫，也是正道。当你内心黑暗时，身处光明，内心还是黑暗的；当你内心光明时，身处黑暗，内心还是光明的。只要我们内心有光明，就可以照亮黑暗。无论怎样都要修这颗鲜活的心，让它沉下来，还要灵活起来。

乔·吉拉德说，有人拿着100美元的东西，却连10美元都卖不掉，为什么？让我们看看他是怎么做的。

35岁那一年，乔·吉拉德跌落到人生最幽暗的谷底。万般无奈之下，他通过朋友的帮忙求得了一个汽车销售员的工作。20世纪60年代，被喻为汽车城的全球汽车工业重镇底特律，至少有39家大型的汽车经销营业所，每家又有20～40人不等的销售员，可以说底特律是全世界竞争最激烈的一处市场。

乔·吉拉德最初靠着一部电话、一支笔，和顺手撕下来的4页电话簿作为客户名单拓展客源，只要有人接电话，他就记录下对方的职业、嗜好、买车需求等生活细节，虽吃了不少闭门羹，但收获却颇丰。

乔·吉拉德从不放弃任何一个机会，一年12个月更是不间断地寄出不同花样设计、上面永远印有“I likc you”的卡片给所有客户，最高纪录曾每月寄出16000封卡片。

“我的名字乔·吉拉德一年出现在你家12次！当你想要买车，自然就会想到我。”乔·吉拉德的执着令人折服。就是凭着这种决心与毅力，他在上千名汽车业务员重兵集结的底特律，硬是杀出一条血路。

乔·吉拉德还特别把名片印成橄榄绿，令人联想到一张张美钞。每天一睁开眼，他逢人必发名片，每见一次面就发一张，坚持要对方收下。乔·吉拉德解释，销售员一定要让全世界的人都知道你在卖什么，而且一次一次加强印象，让这些人一想到要买车，自然就会想到乔·吉拉德。

乔·吉拉德喜欢在公众场合撒名片，例如在热门球赛观众席上，他便整袋整袋地撒出名片。他说，虽然别人感觉到我的举动很怪异，但就是因为怪异，人们才会记得深刻，而且只要有一张落入想买车的人手中，我赚到的佣金就远远超过这些名片的成本了。

花了3年时间，乔·吉拉德终于打响了名号。他第三年卖出343辆车，第四年就翻了近一番，卖出614辆车，从此业绩一路走红，连续12年成为美国通用汽车零售销售员第一名，成为世界最伟大的汽车销售员。

简单地回顾乔·吉拉德十几年的销售历程，不难发现，他最重要的杀手锏就是，不管到了哪里，首先宣传的是自己。即使是介绍产品的时候，他也会摆正关系，强调只有他才会做到使你称心如意，将来永远不会发生因质量、服务等引发的一系列后顾之忧。

其实，在一定的范围内到了这个程度，人们看中的只是乔·吉拉德的人品、人格魅力，对于购买产品已经放在了次要位置。乔·吉拉德推荐的产品人们相信，人们可以放心大胆地购买。通俗地讲，乔·吉拉德已经形成了自己的品牌，已经能够在销售领域里赢得用户的青睐，这个时候，销售必然会得心应手，独傲群雄了。

直到现在，乔·吉拉德还是保持到处广发名片的习惯，他说虽然已经不卖车，却还在卖书、卖自己的人生与行销经验，寻求各种可能的演讲与曝光机会。因此，到餐厅用完餐，他总是在账单里夹上三四张名片及丰厚的小费，经过公共电话旁，也不忘在话机上夹两张名片，永远不放弃任何一个机会。

可以说，乔·吉拉德无时无刻不在销售，而在销售的过程中，他时时刻刻注意的是销售他自己。他从一开始就计划要在销售过程中打响自己的品牌，因为他十分清楚，在销售过程中，人品与产品相比孰重孰轻。

不能急于求成，做到细水长流

销售不是一朝一夕能学会的，是要细水长流的。你每接一单，就能学到很多东西。因为你每次接触的客户是不一样的，交流方式也是不一样的，要学会随机应变。有的客户会考虑得很周全，有的客户没有考虑那么多细节。而每个客户提的要求也是不一样的，担心的问题、付款的问题、发货的问题、售后的问题、下单后跟单的问题，都是不同的，那你就要用不同的心态、不同的解决方式去对待。做销售一定要有耐心，不是说谁聪不聪明的问题，而是心的问题。

为什么有的业务员没有耐心？

有些业务员缺乏耐心，急于业务成功，结果业务业绩不好。有些业务员上来就是一句："我们的产品特好，你买不买？"这样直接地问倒不如问客户："你出不出钱？"这样的交易方式怎么能够成功呢？

有些业务员之所以没有耐心，是因为以下几个原因：

1. 主动放弃

一些业务员认为，在大多数情况下要被拒绝，即使产品介绍得再好，他们往往觉得介不介绍产品是无所谓的事情，反正想买的人就会买，不想买的人就算怎么说也不会买的。因此，他们容易缺乏介绍产品的耐心，一见到客户就问买还是不买，被拒绝是当然的事情。即使是世界上最优秀的业务员在大多数情况下也是会被拒绝的，他们之所以成功就在于，他们越是被拒绝，就越是想办法将产品更好地介绍给客户。要知道大多数客户是有产品需求的，除非业务员硬是要给盲人近视镜。客户有需求就可以引导，而业务员引导客户需求的方式就是通过产品介绍。

2. 缺乏耐心

缺乏耐心的人很难做好业务工作，真正成功的业务员往往是有十足耐心的。耐心是可以锻炼和培养的，业务员可以通过不断的训练来培养自己的耐心。当业务员求见一位客户时，发现自己已经没有耐心的时候，就要不断地告诫自己要坚持，坚持到最后。只要这次坚持的时间够长，就为成功下单作好了铺垫。

3. 盲目地节省时间

俗话说：两鸟在林，不如一鸟在手。那些试图通过节省时间来多见一位客户的销售员往往由于缺乏耐心而被客户拒绝。与其这样不断地追求新客户，倒不如在老客户身上获取更好的业绩。业务员千万不要在业务过程中表现得缺乏耐心，因为缺乏耐心是对客户的不尊重。

俗话说，心急吃不了热豆腐。也就是说，欲速则不达。一个有所追求的人，往往需要有极大的耐心，深入了解事物的关键所在，才能有的放矢，圆满地达成目标。

子夏被派到莒父任地方官，临行前向孔子请教如何为官。孔子对子夏说："你到了莒父后会面临很多事情，你做事要有耐心，不要单纯追求速度，不要贪图小利。单纯追求速度，不讲效果，反而达不到目的；只顾眼前小利，不讲长远利益，那就什么大事也做不成。"子夏到莒父后，按照孔子所说，耐下心来，首先对当地的情况进行了一番调查，在调查的基础上总结出当地的一些问题，然后再按照这些问题的轻重缓急，一一处理。三年后，莒父被子夏治理得井井有条。

面对难题的时候，应该学会等待，慢慢寻找成熟的时机，如果急于求成，往往会适得其反。营销人员每天要面对很多顾客，都希望这些顾客能够接受自己的服务。但是，事实上对方不可能一下子就认可你、接受你，这就需要营销人员以足够的耐心去面对顾客，让顾客真正感受到你的服务能够给他带来好处。

1.不要急于求成

许多营销人员急于卖出产品，这样容易导致浮躁的情绪，使人沉不住气。其实，成功是讲究储备的，储备的内容越充足，成功的机会就越大，才可能走得更远。成功之路就如同一场马拉松，一开始领先的人不一定就能成为全程优秀者，甚至可能都跑不完全程。在漫长的营销征途上，耐心的积累将会起到决定性的作用。营销人员，特别是刚刚进入营销行业的人，一定要沉住气。不是每次销售都会成交，恰恰相反，大多数销售都可能无功而返。

营销人员一定要有耐心，要学会等待，用耐心和积极改变来改变自己的命运。只有水到，渠方可成，欲速则不达。田野里，庄稼沐浴着阳光雨露，茁壮成长。也许你看不出庄稼每天都在长，但它却实实在在地长高了。

一个宋国人靠种庄稼为生，有一天，他自言自语地说：“庄稼呀，快长高、快长高……”他一边念叨，一边顺手去拔身上衣服的一根线头，线头没拔断，却拔出一大截线。宋国人望着线头出神，突然，他的脑子里蹦出一个主意：“对呀，我原来怎么没想到，就这么办！”宋国人一跃而起开始忙碌，他把田里的庄稼一根根全拔了起来。看着庄稼马上“长高”了不少，宋国人心里很高兴。可是没几天，他的庄稼就全枯死了。

耐心是改变命运的最快速度，不会耐心等待，就有可能面临失败；没有耐心，急于求成，不但会失去很多成功的机会，还有可能像那个宋国人一样，到头来颗粒无收。销售经验是需要日积月累的，销售技巧也是需要慢慢培养的。要遵循细水长流的自然规律，厚积薄发。记住：80%的销售收入来自 20%的大目标客户，要对客户有耐心，不急于求成，因为急于求成是销售工作的大忌。不是每一次播种，都会有所收获，耐心是改变命运的最快速度，急于求成是成功的大敌。

2.让客户接受你

要想让客户接受你的产品，必须先让顾客接受你。而让顾客接受你，需要一个过程，因为信任的建立需要不断的沟通和验证，所以，如果营销人员没有耐心，急于向顾客表白，急于要说服顾客，急于让顾客做决定，就会给顾客造成很强的压迫感。这种压迫感很有可能使顾客对你敬而远之，而使你错失与顾客建立信任、被顾客接受的机会。那么，你的才华、爱心、诚心等等，也就无从被顾客所感知。

鲁班是春秋时期著名的能工巧匠。有一次，他正在雕刻一只凤凰，凤冠和凤爪还没有雕刻完，翠绿色的羽毛也还没有安好。有些人只看见凤凰的身子，就说它是只白色的鹞鹰；看见凤头的人，就叫它是鹈鹕。人们都诋毁它的形象，甚至怀疑起鲁班的雕刻技能。

面对各种诋毁和污蔑，鲁班却不动声色，顶多也只是一笑置之，但他一刻也没有停下手中的飞刀走笔。很快，翠绿的凤冠雕成了，它高高地耸立在凤凰的头上，煞是威风；大红的凤爪也雕成了，闪着光亮。人们停止了叽叽喳喳的议论，仔细地看着鲁班的雕刻动作。一会儿，凤凰全部雕刻完了，它锦绣般的身躯像霞光在闪耀，翅膀上的美丽花纹像火光迸发，人们由衷地赞不绝口。鲁班仍然在做最后的修饰，最后他放手一挥，凤凰振翅高飞，回旋在栋梁之间，一连三天也不栖落下来。人们不禁为先前的冒失评论而汗颜，无不为鲁班的匠心独运而啧啧称奇。其实，当人们对鲁班的雕刻心有疑虑的时候，鲁班也可以向围观的人群做适当的解释，告诉他们这是在雕刻一只会飞的凤凰。但是如果这样，围观的人们早就跟他辩论开了，或许还会为此大打出手。

但鲁班并没有这么做，他只是耐心地做着他该做的事情，他要为人们雕制一件奇特的工艺品。当人们最终看到鲁班的卓绝才能时，那种信任和赞叹，是数万句辩解也不能达到的。

在销售的过程中，顾客也许对销售人员所从事的事业一知半解，或者干脆就存在先入为主的偏见，或者很不习惯接受销售人员的销售方式，因此，他们对销售人员的信任感并不容易建立。这时候，销售人员千万不能急于求成，而要通过自己真诚而耐心的服务，处处为顾客着想，帮助顾客解决问题，慢慢与之建立相互的信任关系。只有这样，才能真正打开顾客的心扉，去了解他的需求、满足他的需求，并最终实现销售。

所以，营销人员要有足够的耐心同顾客交流和沟通，让客户了解你、承认你，并最终认可你的产品和服务。和顾客沟通需要一个过程，让顾客接受你，需要你的耐心，信任是和顾客加深沟通的基础。

3.挑货才是买货人

销售人员在销售产品时，总会遇到一些顾客对产品挑三拣四，说这说那。即使你的产品和服务已经足够好，顾客还是会千方百计地找毛病。有一些销售人员把顾客的挑剔看成是麻烦和故意找茬而不予理睬，甚至恶意对待。

其实，正是因为他们喜欢你的产品或服务才会挑剔，希望我们努力改进不尽如人意的地方，好让顾客满意地购买你的产品，享受你的服务。顾客所挑剔的，也正是顾客所需要的。

一位新上任的超市经理，对连续3个月销售排名第一的一位营销人员感到非常不解。据下面的人讲，这位女营销人员其貌不扬，也不善于言谈，可她铺位的鞋销售得非常好，销售额已经连续3个月在40个铺位中蝉联第一。全商场都是鞋，一个既不善于言谈、也不非常漂亮的营销小姐，顾客为何垂青于她？

对于这个疑问，经理想弄个明白。于是，他前去观察，终于明白了其中的道理。这位女营销人员主要经营女士的鞋，女士买鞋总是喜欢试来试去，这位营销人员不仅不烦，还建议顾客再多试几双。“没关系，多试几款，总有一款适合你！”面对顾客的挑剔——颜色不好、款式难看、做工粗糙，她总是面带微笑说：“要不再试一试这双！”所以，顾客一直试下去，直到满意为止。即使顾客试了几双，确实没有合适的，表示不买，这位营销人员还会面带微笑说：“没关系，欢迎下次再来！”

而其他铺位的营销人员在顾客试过3款之后就非常不耐烦了，要么开始极力推销，要么表示出不耐烦：“就这几款，只是颜色不同。”要么就是：“您最好快点，我那还有顾客呢！”要么就是：“这个价格，还能有多好的做工？有做工好的，价格高，你要吗？”作为顾客，谁不想“物美价廉”，你说价格高顾客会要吗？正是凭借耐心对待顾客的挑剔，这位营销人员才赢得了顾客，实现了良好的销售业绩。

挑货才是买货人，营销人员要善对爱挑剔的顾客，巧妙应对顾客的挑剔，才能赢得顾客的购买。不是每一种产品都十全十美，顾客难免挑剔，营销人员要合理应对。挑货才是买货人，对挑剔的顾客要有耐心。顾客所挑剔的，往往正是顾客渴望你解决的问题所在。

4.宽容也能生财

销售过程中最容易发生的就是顾客的冷漠和拒绝，有时还会遭遇顾客的白眼，甚至恶语相向。其实，顾客是拒绝你吗？是拒绝你的产品吗？也许顾客刚刚遇到了一件不顺心的事，也许顾客刚刚和别人拌过嘴，也许顾客本身就是一个情绪化的人。

无论怎样，销售人员要有一颗宽容的心，以平和的心态去面对每一个顾客，耐心地去完成销售任务。不要动辄心浮气躁，以为顾客都在挑我们的毛病。当顾客对我们的产品或服务提出异议时，即使顾客说得不对或不全对，也不要动怒或反唇相讥，而应耐心地聆听，心平气和地解答，发现顾客的关注焦点和需求所在，并用我们优秀的产品和优质的服务去加以满足。

古希腊神话中有一位大英雄叫海格力斯。一天他走在坎坷不平的山路上，发现脚边有个袋子似的东西很碍脚，便踩了那东西一脚，谁知那东西不但没有被踩破，反而膨胀起来。这一来海格力斯更生气了，他抄起一条碗口粗的木棒砸它，那东西竟然更加膨胀，把路都堵死了。一个小小的袋子，竟然让大英雄海格力斯一筹莫展。

正在这时，山中走出一位圣人，对海格力斯说："朋友，快别动它，忘了它，离开它远去吧！它叫仇恨袋，你不犯它，它便小如当初；你侵犯它，它就会膨胀起来，挡住你的去路，与你敌对到底！"

营销人员难免会与顾客产生摩擦、误会，甚至发生不愉快的事情。但别忘了在自己的心中装满宽容，那样你和顾客就会少一分阻碍，多一分理解，也就多了一分成交的机会。否则，你将会永远被挡在通往成功的道路上，直至被击倒。

宽容别人，可以拓宽自己的路。"人非圣贤，孰能无过"。很多时候，我们都需要宽容，宽容不仅是给别人机会，更是为自己创造机会。营销人员应该宽容别人的不足，聚焦于为顾客服务！

营销切忌浮躁，急于求成。刚刚播下的种子，不会立刻发芽，也不是每一次播种都会有所收获。营销人员要学会等待，让顾客慢慢地接受你。与顾客的沟通是一个长久的过程，要站在顾客的角度，善对爱挑剔的顾客，因为顾客的挑剔正是顾客的需求点。面对不同素质的顾客，营销人员应该拥有一颗宽容的心，把全部的精力放在为顾客服务上。

农夫在地里种下了两粒种子，很快它们变成了两棵同样大小的树苗。第一棵树开始就决心长成一棵参天大树，所以它拼命地从地下吸收养料，储备起来，滋润每一枝树干，盘算着怎样向上生长。由于这个原因，在最初的几年，它并没有结果实，这让农夫很恼火。相反，另一棵树也拼命地从地下吸取养料，打算早点开花结果，它做到了这一点。这使农夫很欣赏它，并经常浇灌它。

时光飞转，那棵久不开花的大树由于身强体壮，养分充足，终于结出了又大又甜的果实。而那棵过早开花的树，却由于还未成熟时，便承担起了开花结果的任务，所以结出的果实苦涩难吃，并不讨人喜欢，相反却因此而累弯了腰。农夫诧异地叹了口气，终于用斧头将它砍倒，充作柴火了。

销售人员，特别是刚刚从事营销的人员，一定要有耐心，不要渴求今天播种，明天就有收获！急于求成的结果只会导致最终的失败，营销人员应放远眼光，注重自身知识的积累，注重销售技能的提高，注重与顾客建立信任关系，注重为顾客提供优质的服务。厚积薄发，自然会水到渠成。

07

销售就是讲故事

顶尖的销售从来不刻意追求销售技巧，看似云淡风轻的成交背后，是他们多年积累下来的销售经验和辛勤付出的汗水。我们在销售过程中不可避免地需要说服客户，其实更多的时候是在推销自己，让客户觉得你是真诚的人、是一个值得信赖的人。

“同理心”在商业社会中常被忽视，尤其在终端的销售过程中。合理地运用“同理心”，能够让我们的销售人员在判断顾客决策路径的过程中，充分地认知顾客的情绪、感受及需要，最终形成以顾客需求为导向的终端销售模式，通过聆听顾客的需求，并站在顾客的角度，与消费者实现内心的对话，最终达到合理的销售效果。

拒绝套路，交谈时将亲身经历穿插其中

现在网络上经常会看到这样一句话：自古深情留不住，总是套路得人心。

我们做销售时又常说：多一点真诚，少一点套路。但也不是说不要套路、只要真诚，少了套路的真诚就像默默无闻的佳人，因为少了包装成不了明星。

顶尖的销售从来不刻意追求销售技巧，看似云淡风轻的成交背后，是他们多年积累下来的销售经验和辛勤付出的汗水。我们在销售过程中不可避免地需要说服客户，其实更多的时候是在推销自己，让客户觉得你是真诚的人、是一个值得信赖的人。

我们或多或少都有类似的经历，去商场购物或者咨询所需服务的时候，都很怕自己会接触到这一类的销售：热情有余但真诚不足，即便真诚却经验尚浅，就算经验丰富，能对产品说明书倒背如流，也还是会在沟通中让你感觉缺点什么。难道真的是消费者越来越矫情了吗？不，其实我们的需求很简单，就是有效沟通，这难道真的就这么难吗？

小许是某品牌珠宝的销售顾问，工作的时候，经常会碰到比较尴尬的事情。有些客户从开口第一句就带着似有若无的警惕性，无论小许推荐的产品多么精致特别，或是物美价廉，但在细节上征询客户意见时，客户就会说："你不要老是问我有什么需求，我知道这都是你们销售的套路，能不能来点实在的？"

要不然就是在商榷价格的时候，小许说要让上级管理人员审批才能最后确定，客户又会揶揄这些全是套路。小许只能尴尬赔笑，心想：现在的客户真是越来越捉摸不透了。

原因分析：

其实遇到这样的客户，很多人第一反应应该是和小许一样——那是相当的尴尬！可是你换个角度来想，如果没有这样的客户，我们的销售技巧猴年马月才能得到提升呢！

时代不一样，我们的销售技巧如果还是千篇一律，就算是客户看不出来，我想总有一天我们自己也会感觉乏善可陈。不过也不能排除个别客户本身就具有丰富的销售经验，这也不难解释刚刚案例中出现客户对小许销售时见招拆招的现象。

一般来说，造成这样的原因有两种情况：情况一是小许在沟通中的销售意图太明显，沟通时缺少润滑剂；情况二是客户已经知悉你的销售套路，故意不配合，让小许自乱阵脚。

面对以上这两种情况，我们的销售人员究竟该如何应对呢？

对于第一种情况，肯定是由于销售人员对某些问题太过利益化，让客户产生了反感，也就是我们说的沟通不到位。这也是很多新人常犯的错误——他们问问题的时候往往都变得非常刻板，问题与问题之间也缺少必要的衔接，没有把握问题的节奏，客户一定不会明白你问问题的目的，所以当然不会继续配合下去。

对于这一种情况，我想给销售人员 4 点建议：

1.不需要太多技巧

跟客户对话时，技巧固然重要，不过生搬硬套的技巧可能会弄巧成拙。如果面对比较重要的客户，我的建议是最好去做你自己，怀着一颗真诚的心面对客户，不管什么问题你都会应对自如。如果你非要加一个技巧进去，可能会导致你的肢体语言和语境对不上，沟通容易出现尴尬甚至冷场，这样反而更容易失去客户的信赖，得不偿失。

2. 多用赞美

恰到好处的赞美，不仅能在客户心里塑造良好的形象，也能在无形之中拉近你与客户的距离，赢得对方的信任。

可适时根据不同客户年龄、职业、语言习惯等背景加以夸赞，更会容易获取客户的好感。类似的还有微笑，这些都是我们在销售沟通过程当中不可缺少的润滑剂，有了这些，你的方案才容易被客户认可。

3. 在适当的时候做适当的事情

我见过很多销售人员，刚刚开始接触客户时就噼里啪啦，像竹筒倒豆子一样扔一堆问题给客户，或者干脆问都不问客户的需求，就直接替客户做了选择，然后再看客户的反应。

所以销售人员在合适的时间段该询问什么问题、做什么事情就显得尤为重要。把客户当朋友，设身处地为客户着想，循序渐进式问出问题，不仅让客户觉得舒服，自己也能够充分挖掘客户的需求。

4. 多练

产生尬聊的原因很多是因为销售顾问本身对销售技巧的生疏，所以导致自己在遇到不同问题时，不知道随机应变，善用销售技巧。出现这种情况是销售的大忌，因为你不知道客户需求，客户也是一脸茫然，结局可想而知。

这样的解决方法就只能是多练，可以和同事一起来模拟演练，直到自己能独立解答客户疑问，游刃有余地处理好每一个问题为止。

出现第二种情况时，相信不少销售人员都大呼头疼！确实，现在的客户接触面越来越广，选择的余地也越来越多，当每一次咨询时，问题大同小异，见得多了就不奇怪了。

所以很多客户早已吃透了销售的套路，甚至有很多客户自己或家人就是做销售的，那就更可怕了。如果我们销售人员稍微展现出不自信，便更加深了客户的不信任度，成单就几近不可能了。

对于这一种情况，我想给销售人员 3 点建议：

1. 创造新的销售技巧

几乎很多行业的销售技巧用来用去都大同小异，迟早会被淘汰出局，所以我们要强调与时俱进，在平常的销售过程中善于总结一些技巧来应对。同事之间可以相互分享遇到的问题，可能新总结出来的技巧就有利于某个单子的成交。我们只有不断摸索学习，才能把教科书式的销售技巧变成自己的。

2. 针对不同的客户采用不同的方法

具体问题具体对待。每个客户都不一样，所以针对不同的客户，不能总是生搬硬套一种销售技巧。要对技巧进行微调，甚至在顺序上颠倒，使问题更加紧凑，客户的需求也能挖得干净，这样的销售技巧就好像上了润滑剂一样，会让客户更容易接受。

3. 将计就计

如果遇到这样的客户，我们可以做适当的沉默，或者顺着客户的话自嘲一下，这样或许会获得客户的认同感，毕竟我们辛苦的“套路”也是想更好地为他服务嘛，这样就容易得到客户的谅解。另外就是要注重沟通时候的细节，以便通过客户的肢体语言以及客户的话语了解他深层次的需求，从而逆转话语的主动权。

从下面生活中常见的事情上，我们可以得到一些启发。

早上去小超市买东西，看到了这样一幕。有一个姑娘也在买东西，旁边站着一个男子在吸烟。刚吸了一口，那男子才看到前面的姑娘是孕妇，就把气憋住了，腮帮子胀得鼓鼓的，一直到孕妇走了才吐出来。当时看到那一幕，我就觉得心里暖暖的。

这时想起了前几天逛街看到的一幕。广东的秋天到了中午，还是热得让人心烦。走在路上，看到前面有个发传单的人。周围发传单的人很多，而让我注意到他的是，每当有人接过他手里的传单，他总会90度鞠躬，然后说一声谢谢。不管别人是淡然接受或是冷眼拒绝，他都会弯腰鞠躬，向别人感谢。不得不说，当时那一瞬间，觉得心里有一股暖流流过。

从这两件事上，让我得到的是什么启发呢？为什么会让我有不一样的感觉呢？现在想来就是细节。超市男子吸烟，看到孕妇能把烟憋住，小伙子发传单鞠躬说谢谢，这些都是细节，正是他们做了才让我感动。

回想起自己做销售成交的一些事，之前自己也有一些因为细节做得好而成功开单的，只是自己一直没发觉。

所以我们做销售与人打交道，不仅仅需要套路，还要真诚，更要注重细节，有时候一个细节足以打动人心。这点在职场上也同样适用。

“同理心”在商业社会中常被忽视，尤其在终端的销售过程中。合理地运用“同理心”，能够让销售人员在判断顾客决策路径的过程中，充分地认知顾客的情绪、感受及需要，最终形成以顾客需求为导向的终端销售模式，通过聆听顾客的需求，并站在顾客的角度，与其实现内心的对话，最终达到合理的销售效果。

随着终端销售模式的不断发展和创新，“同理心”的销售模式在现今商业社会中的地位愈益重要。因为销售人员必须站在顾客需求的角度，从顾客的文化感、价值感和满足感等多个角度，分析顾客的需求；同时，销售人员通过“同理心”的方式，给予顾客最大的包容，并能化解差异和冲突，达至商业上共同的利益。

在终端销售的过程中，从哪些具体的方面来达到与顾客的同理心，是很多终端销售管理和研究人员不断学习和研究的话题。以下 8 个方面，对销售人员与顾客的同理心进行了总结，形成了一套“同理心销售的 8 同法则”，是多年的终端管理和研究发现，对销售的“同理心”原则进行的总结和提炼。

所谓“同理心销售的 8 同法则”，是根据终端销售人员与顾客同理心的模式，寻找与顾客相同或者相近的点，在最短的时间内与顾客建立信赖，并从顾客的需求角度出发，来满足顾客的需求，实现销售目标。“8 同法则”主要是指在以下几个终端销售人员与顾客相同或者相近的方面，来实现销售人员与顾客之间的同理心模式。

1. 同姓氏

在终端销售的过程中，经常遇到销售人员与顾客的姓氏相同的情况，那么销售人员就可以这个为切入点来构建与消费者之间的信任。例如：张先生，我也姓张，咱们 500 年前可是一家子啊，像您这样成功的人士，以后还请多多指点我啊！

2. 同爱好

相同的爱好会非常容易增进人与人之间的交流，人们总是喜欢跟爱好相似的人在一起，正所谓物以类聚、人以群分。如果在与顾客的沟通中，恰好顾客的某一个爱好与你的爱好一致，那么这也是很好的与顾客建立信赖的机会。例如：王哥，您也喜欢户外运动啊，那可太好了，我也非常喜欢这方面的运动，不过我是菜鸟级的，以后您可要多多指导我啊！

3. 同乡

“久旱逢甘露，他乡遇故知，洞房花烛夜，金榜题名时”是人生四大喜事。在他乡遇到了自己的家乡人，正是人生四大喜事之一，正所谓：老乡见老乡，两眼泪汪汪。老乡很容易回忆起乡情、乡音，那么沟通起来就变得更加容易，人们更加容易相信老乡说的话。

因此在终端的销售过程中，如果恰好遇到了你的同乡，你不免主动进行介绍，并通过适度的赞美来拉近彼此的距离。例如：陈姐，您也是山东人啊，真是太巧了，我也是山东人。我们山东人来到上海闯世界，像您这么成功的可真不多啊，以后，您可要多多指导我啊！

4. 同经历

相同的经历会有相同的感受，相同的感受会有很多共同的话题，而共同的话题又给我们进一步沟通提供了很好的机会。在终端销售的过程中，如果你恰好有一部分经历与顾客的经历相似，你就可以与顾客就你们相同的经历进行深入的沟通。例如，顾客以前在广东工作过，而你恰好也在广东工作过，那么你就可以与顾客交流在广东工作的经历。

5. 同窗

在终端销售的过程中，如果恰好顾客曾经读书的学校与你曾经读书的学校是一个学校，那么，你就要及时利用这样的共同之处，来与顾客进行沟通，校友之间的交流是非常容易的。在偶然的机会见到了曾经在一所学校读书的校友，大家有共同的学习经历，那么彼此就非常容易建立起信赖的关系。

例如：王哥，您也是市一中毕业的啊，我也是在那里毕业的，不过我毕业得比较晚了，看您现在事业这么成功，就知道您读书的时候一定学习成绩非常优异，有机会还真想向您请教一下您是如何成功的！

6. 同语气

当顾客说话快一些的时候，你的语速也要尽可能地快一些；当顾客的说话速度慢一些的时候，你的语速也不妨慢一些；当一个顾客说话斩钉截铁的时候，你也不妨斩钉截铁一些。因为，语气的相同，代表着你们有共同的地方，就是性格相近。

7. 同性别

相同的性别有着类似的视角，有着类似的人生观，有着类似的成长经历，有着类似的价值观，有着类似的人生目标。在终端销售的过程中，你可以合理地使用相同性别的特点，来与顾客进行沟通。例如：张姐，我们做女人的真是不容易，既要照顾家庭，又要照顾孩子，生活压力还真挺大啊！

8. 同身材

身材相同可能有着类似的生活习惯，例如恰好你与顾客都是身材比较胖的，那么你就可以与顾客交流减肥的经验；如果你的身材与顾客的身材都比较健壮，那么你就可以与顾客交流健身的经验。

同理心的销售模式最核心的内容在于构建销售人员与顾客之间的

信任，只有建立了信任，销售人员才能够与顾客之间达成共识，同时，有助于销售人员充分了解顾客需求，让顾客的需求得到最大程度的满足，并实现销售目标。

海尔品牌营销故事

海尔有许多令人感慨和感动的营销故事。

1996年，一位四川成都的农民投诉海尔洗衣机排水管老是被堵，服务人员上门维修时发现，这位农民用洗衣机洗地瓜（南方又称红薯），泥土多，当然容易堵塞。服务人员并不推卸自己的责任，而是帮顾客加粗了排水管。顾客感激之余，埋怨自己给海尔人添了麻烦，还说如果能有洗红薯的洗衣机，就不用烦劳海尔人了。

农民兄弟的一句话，被海尔人记在了心上。海尔营销人员调查四川农民使用洗衣机的状况时发现，在盛产红薯的成都平原，每当红薯大丰收的时节，许多农民除了卖掉一部分新鲜红薯，还要将大量的红薯洗净后加工成薯条。但红薯上沾带的泥土洗起来费时费力，于是农民就动用了洗衣机。更深一步的调查发现，在四川农村有不少洗衣机用过一段时间后，电机转速减弱、电机壳体发烫。向农民一打听，才知道他们冬天用洗衣机洗红薯，夏天用它来洗衣服。这令张瑞敏萌生了一个大胆的想法：发明一种洗红薯的洗衣机。

1997年海尔为该洗衣机立项，成立以工程师李崇正为组长的4人课题组，1998年4月投入批量生产。洗衣机型号为XPB40-DS，不仅具有一般双桶洗衣机的全部功能，还可以洗地瓜、水果甚至蛤蜊，价格仅为848元。首次生产了1万台投放农村市场，立刻被一抢而空。

一般来讲，每年的6月至8月是洗衣机销售的淡季。每到这段时间，很多厂家就把促销员从商场里撤回去了。张瑞敏纳闷儿：难道天气越热，出汗越多，老百姓越不洗衣裳？调查发现，不是老百姓不洗衣裳，而是夏天里5公斤的洗衣机不实用，既浪费水又浪费电。

于是，海尔的科研人员很快设计出一种洗衣量只有1.5公斤的洗衣机——小小神童。小小神童投产后先在上海试销，因为张瑞敏认为上海人消费水平高又爱挑剔。结果，上海人马上认可了这种世界上最小的洗衣机。该产品在上海热销之后，很快又风靡全国。

在不到两年的时间里，海尔的小小神童在全国卖了100多万台，并出口到日本和韩国。张瑞敏告诫员工说：只有淡季的思想，没有淡季的市场。

在西藏，海尔洗衣机甚至可以合格地打酥油。

2000年7月，海尔集团研制开发的一种既可洗衣又可打酥油的高原型“小小神童”洗衣机，在西藏市场一上市，便受到消费者欢迎，从而开辟出自己独有的市场。这种洗衣机3个小时打制的酥油，相当于一名藏族妇女3天的工作量。

藏族同胞购买这种洗衣机后，从此可以告别手工打酥油的繁重家务劳动。

在2002年举办的第一届合肥“龙虾节”上，海尔推出的一款“洗虾机”引发了难得一见的抢购热潮，上百台“洗虾机”不到一天就被当地消费者抢购一空，更有许多龙虾店经营者纷纷交定金预约购买。

这款海尔“洗虾机”因其巨大的市场潜力被安徽卫视评为“市场前景奖”。5月的安徽，是当地特产龙虾上市的季节。龙虾是许多消费者喜爱的美味，每到这个季节，各龙虾店、大小排档生意异常火爆，仅合肥大小龙虾店就有上千家，每天要消费龙虾近5万斤。但龙虾好吃清洗难的问题一直困扰着当地龙虾店的经营者。因为龙虾生长在泥湾里，捕捞时浑身是泥，清洗异常麻烦，一般的龙虾店一天要用2～3人专门手工刷洗龙虾，但常常一天洗的虾，不及几个小时卖的多，并且，人工洗刷费时又费力，还增加了人工成本。

针对这一潜在的市场需求，海尔洗衣机事业部利用自己拥有的“大地瓜洗衣机”技术，迅速推出了一款采用全塑一体桶、宽电压设计的可以洗龙虾的“洗虾机”，不但省时省力、洗涤效果非常好，而且价格定位也较合理，极大地满足了当地消费者的需求。过去洗2公斤龙虾，一个人需要10～15分钟，现在用“洗虾机”只需3分钟就可以搞定。

“听说你们的洗衣机能为牧民打酥油，还给合肥的饭店洗过龙虾，真是神了！能洗荞麦皮吗？”2003年的一天，一个来自北方某枕头厂的电话打进了海尔总部。

海尔洗衣机公司在接到用户需求后，仅用了24小时，就在已有的洗衣机模块技术上，创新地推出了一款可洗荞麦皮枕头的洗衣机，受到用户的极力称赞，更成为继海尔洗地瓜机、打酥油机、洗虾机之后，在满足市场个性化需求上的又一经典之作。

明代医学家李时珍在《本草纲目》中有一则“明目枕”的记载：“荞麦皮、绿豆皮……菊花同作枕，至老明目。”在我国，人们历来把荞麦皮枕芯视为枕中上品。荞麦皮属生谷类，具有油性，而且硬度较高，如果不常洗或者晒不干又容易滋生细菌，但荞麦皮的清洗与干燥特别费劲，因为荞麦皮自身体积微小，重量极轻，很难晾晒，如果在户外晾晒更容易被风刮走。荞麦皮的清洗和晾晒问题就成了荞麦皮枕头厂家及消费者的一大难题。

海尔开发的这款既可以家庭洗衣，又可以用来洗荞麦皮枕头的“爽神童”洗衣机，除了洗涤、脱水等基本功能外，还独有高效的PTC转动烘干、自然风晾干两种干燥技术，同时专门设计了荞麦皮包装洗涤袋，加上海尔独有的“抗菌”技术，非常圆满地解决了荞麦皮枕头的清洗、干燥难题。

专家指出，目前洗衣机市场已进入更新换代、需求快速增长期。始终靠技术创新领先市场的海尔，通过多年来的技术储备和市场优势的积累，在快速启动的洗衣机市场上占尽先机。世界第四种洗衣机——海尔“双动力”是海尔根据用户需求，为解决用户对波轮式、滚筒式、搅拌式洗衣机的抱怨而创新推出的一款全新的洗衣机。由于集合了洗得净、磨损低、不缠绕、15分钟洗好大件衣物、“省水省时各一半”等优点于一身，迎合了人们新的洗衣需求，产品上市一个月就创造了国内高端洗衣机销量、零售额第一名的非常业绩，成为国内市场上升最快的洗衣机新品，在2004年第95届法国列宾国际发明展览会上一举夺得了世界家电行业唯一发明金奖。

赛诺市场研究公司2004年4月份统计数据显示，海尔洗衣机市场份额继续高居全国榜首，尤其在我国华北、东北、华东、西北、中南、西南6大地区市场上分别稳居第一，且与竞争对手的距离进一步拉大。在西北地区，海尔洗衣机的市场份额已接近40%，超出第二名近3倍；在其他5大地区，海尔洗衣机的市场份额也都有明显上升，均超出了第二名近两倍。

在海尔流传着这样一个故事：一家日本有名的大跨国集团到海尔集团谈判，寻求合作机会。其负责人到生产线上转了一圈，趁人不注意时用手摸了一下机器，结果发现居然一尘不染，他当即决定与海尔合作。这只是一件小事，却被海尔人做到了。张瑞敏说过，不平凡就是将平凡的事做好。海尔正是这样一步一步迈向世界的。

伴随着海尔国际化步伐的加快，多文化的融合在海尔表现得越来越明显。每年都有很多金头发、蓝眼睛的老外到青岛总部学习生产工艺、售后服务、企业文化，然后再传播到世界各地。每年一次在青岛召开的海尔集团职工运动会上，越来越多的国外员工加入其中。在颐中体育场，人们看到的是一个融不同肤色、不同语言的欢乐的海洋，中东海尔、美国海尔、欧洲海尔在飘扬的海尔旗下汇集在一起，为海尔冲击世界500强呐喊助威。

张瑞敏认为：海尔和著名的跨国大公司相比，无论资金、技术、规模，都没有优势，但我们有的优势别人没有，那就是速度。经销商们提出一个要求时，我们会比那些老牌的跨国公司以更快的速度满足他们的要求。正是海尔“敬业报国，追求卓越”的企业精神激励着海尔人创造了一个又一个的神话。

2000 年，在青岛召开的“海尔全球经理人年会”上，一个生动的故事打动了与会的所有经销商，让全世界又一次为海尔人的速度所震撼。

在会上，美国海尔贸易公司总裁迈克先生根据美国市场的实际情况，提出了冷柜产品的两项新构想，海尔冷柜产品本部的 4 名科研人员采用同步工程，连夜奋战制造出样机，同时还对迈克先生的概念进行了延伸，拓宽了设计思路，做出了第二代产品样机。

第二天，当披着红绸的样机出现在会场，出现在迈克先生面前时，全场人都震惊了。从迈克先生提出方案到样机交付，仅仅过了 17 个小时。这款冷柜当场被命名为“迈克冷柜”。海尔人用自己的聪明和勤奋又一次征服了世界。与会者当即签订了大批订单。

2001 年，“迈克冷柜”这款两面存取冷柜因其独特的设计还获得了全球PCT发明大奖。以销售创意产品而闻名的美国S连锁店欣然包销了这一产品，这款冷柜成功地创造了冷柜“夕阳产业”一个新的市场，带动海尔冷柜 2001 年出口同比增长了 97%。

在这一点上，世界著名的变革管理权威，哈佛商学院的罗莎贝斯·莫斯·坎特（Rosabeth Moss Kanter）在讨论企业走向全球化应具备的才能时认为，随着变革的步伐越来越快，企业之间的交易也越来越多，彼此之间的界限也越来越模糊，因此全世界范围内，市场参与者越来越多。所有参与者竞争的方法之一就是不断改进和改变事物。随着竞争者数量的增加，变革只会越来越快。

所以，速度就成为企业进行全球竞争的有效武器，而海尔正是在这方面显示出自己强大的一面。

曾担任某著名家电品牌亚洲区经理的阿尼塔女士，加盟海尔后的体会是：海尔的创新速度已经超过了历史悠久的跨国大公司。今天很多国外著名公司的管理者访问海尔园，他们不约而同地有着同一个感受，那就是“我们又看见了 20 年前的松下”。

为什么说销售就是讲故事

在日常销售过程中，我们要经常运用一些讲故事的手段去吸引顾客。一般好故事往往能体现出产品的重要特点，并把顾客的注意力引到你说的故事上，这样顾客同样会对你的故事产生联想，直至购买产品。

相信有太多的销售人员不清楚讲故事的重要性，他们经常性地因为职业需要站在顾客的对立面，头头是道地讲解产品特性，只想通过数据说服顾客。但是这样的讲解方式太过死板，很难与顾客产生共鸣，就算是顾客因为确实需要这么一件东西完成了购买，这样的销售也是不成功的，因为你仅仅只是卖出了一件产品而已。

我们都是听着各种各样的故事长大的，恐怖故事、神话故事、爱情故事……人们都喜欢听故事，不喜欢听道理，即使你讲的道理都是对的，别人也不一定愿意听。讲故事，已经成为销售人的必备技能之一。下面我们就来探讨一下故事的好处，为什么做销售要学会讲故事，讲故事又有什么好处呢？

1. 故事让人能专注、耐心地听

无论做什么销售，你肯定希望你的销售方案，或者是销售广告能让消费者认真地倾听。

同样一件事，一种是对方以理论的形式跟你讲，另一种是以故事的形式跟你讲，那你更愿意听哪一个呢？

回想一下，我们小时候是不是听到老师讲故事时都变得特别认真呢？故事的魅力就在于能吸引人们专注地倾听。

2.故事让人更容易理解传播者发布的信息

一个比较火的综艺节目叫《跨界喜剧王》，里面的节目很多都是在讲一个故事。在有限的时间里，把想要表达的东西展现出来，不管是励志的，还是讽刺的，都是以一个故事的形式出现，观众更容易理解表演者想表达的东西，只要一看完那个小品，就大概知道它讲的是什么。

所以，很多时候我们在做销售广告或者策划时，只要将我们想表达的观点用故事展现出来，得到的效果就会事半功倍。

3.故事让人更容易记住这个信息

德国心理学家艾宾浩斯（H. Ebbinghaus）描述了人类大脑对新事物遗忘的规律。艾宾浩斯遗忘曲线是人体大脑对新事物遗忘的循序渐进的直观描述，人们可以从遗忘曲线中掌握遗忘规律并加以利用，从而提升自我记忆能力。

故事让人通过自己的大脑转换，降低人脑的记忆遗忘率。

1985 年，海尔从德国引进了世界一流的冰箱生产线。一年后，有用户反映海尔冰箱存在质量问题。海尔公司在给用户换货后，对全厂冰箱进行了检查，发现库存的 76 台冰箱虽然不影响制冷功能，但外观有划痕。时任厂长的张瑞敏决定将这些冰箱当众砸毁，并提出“有缺陷的产品就是不合格产品”的观点，在社会上引起极大的震动。

海尔砸冰箱的事件过去这么多年，至今我们仍然能够想起当时的情境。其他的细节我们可能不记得，但是我们只记得海尔砸了不好的冰箱，只生产、销售质量好的冰箱。

4. 故事能够唤起某种情感进而引发传播

腾讯12周年留学生的那个广告，看完让人很感动（感兴趣的朋友可以到百度上搜一下就可以看视频了）。该则广告从头到尾就是在讲一个故事：

> 一个学生在青春时期的叛逆，到赴美国留学之后逐渐对母爱情怀的感悟，再到当白领后在QQ上收到母亲生日祝福的历程，以及母亲为了和儿子沟通而从头开始学习打字等细节令人难忘。
>
> 广告中，从小孩青春年少苦读时对妈妈“打扰”的种种不满，到出国机场告别时推开母亲准备抚摸自己面颊的双手，到过年独自买中餐，再到后来对妈妈的思念。

该广告引发了很多在外工作、学习的人共鸣，不禁让人潸然泪下。腾讯在这则广告中建立了良好的品牌形象，让人们对腾讯QQ更加喜爱。

5. 故事让人建立起对传播者的信任

马云的创业故事让人们更加依赖天猫，更相信天猫的产品，更愿意在天猫上消费。为什么？因为我们相信马云。

所以，阿里巴巴在2016年双11全球狂欢节总交易额超1207亿，无线交易额占比81.87%，覆盖235个国家和地区。这样一个数据正是消费者对马云的认可，对他的品牌的认可。马云也是值得销售人学习的好榜样。

做销售要学会讲故事，以下这9种情况你都会吗？

1. 从一维到多维

在培训的时候，我邀请了一些学员进行自我介绍，结果有趣的事情发生了：很多人都只能讲一到两分钟的时间，而他们的介绍内容也出奇地相似——姓名、来自哪里、那里有什么特产，最后欢迎大家来做客。

我对他们的表现给出了一个中肯的评价，就是每个人只给出了一个名字，或者叫作符号，没人会记住张三或者李四有什么不同。这就是我们通常跟别人做自我介绍时的一维表现，对方看到的是一个没有表情、没有故事的平面的人。

改变开始了。当我说，请你尝试着用“2017 年最糟糕的一件事情”来介绍你自己，并且把你想告诉大家的内容表现出来的时候，很多人开始用自己的故事来证明自己的坚强、善良、勤奋和单纯。

每个人都听懂了，并且开始回忆起 2017 年自己的一些类似经历，这时候讲故事的人变成了有声音、有情感、有思考的多维的立体人，更多的人突然对他的故事充满了兴趣。

2.设有圈套的问题

如果一个长相很一般的女孩问你：“我漂亮吗？”此时，你怎么回答呢？说谎话当然不是你的强项，但是说真话无疑会伤害到她，难道我们这个时候需要讨论另一个话题，告诉她“你很可爱”？如果她的智商没有问题的话，我想她能听出你这句话的弦外之音。

讲一个设有圈套的故事吧，告诉她，硬币永远有两个面，哪一面更棒取决于不同的情形，打赌谁赢永远取决于事先的约定，所以漂亮女孩不一定总是能够赢得竞争的优势。

3.狭隘的眼光

如果你想让某个人看到其当前现实能力之外的事实，那么你就要利用故事，使他在广阔的世界里遨游，并使他长期保持足够的兴趣，以至于觉得故事是真实的。

我们每个人都只了解自己当前正在做的工作，而对别人的领域一无所知，就像以前医生开出的药方，谁也不知道那些像蝌蚪一样的文字究竟是什么意思。所以医生在向我们解释病情的时候，会用打比方的方式来让我们清楚他在讲什么。我比较喜欢德鲁克和汉迪的书，原因就是这些大师总是能够从生活琐事中让你体会到管理的真谛，正是这些故事让我从一个销售爱好者开始对管理产生了浓厚的兴趣。

4. 一切尽在不言中

生活总是能够制造出很多的麻烦，让我们无法对问题给出一个黑白分明的答案。医生不会直接告诉病人他已经到了生命晚期，他们总是很无奈地说，好好享受一下现在的生活，有什么愿望没有了结的就赶快了结吧。

面对公司过于严格的费用报销制度，此时你无法跟公司说“不”。聪明的销售经理讲了一个竞争对手的故事，为什么对手的销售人员总是能够比我们更快地拿到销售订单，因为他们的很多生意是在酒桌上谈成的。

作为一名建材产品的导购员，你不能要求顾客尽快做出购买决定，此时一个“由于顾客犹豫不决，没有当即购买，最终产品卖断货”的故事更有说服力。讲完这些故事，你只要保持沉默就可以了。

关于犹豫不决的故事，是一个真实的故事。“我在选瓷砖的时候，本来看上了一款叫作‘流沙’的客厅砖，结果因为犹豫和比较占去了 2—3 天的时间。等我再去买的时候，导购员告诉我这款产品已经告罄，而且公司再也订不到货了。你知道我当时心里的遗憾该有多大吗？我对导购员简直有了一种憎恨的感觉，为什么当初不催促我下订单呢？”

5.不要再问我了

如果你是一名管理者，总是会碰到下属提出的各种问题，怎么办？如果直接给他答案，他的问题可能会越来越多，就像很多人说的，“把球踢给管理者，管理者成了守门员”。可你也不能不负责任地双手一摊：“别来问我”，如果这样的话，下属对你除了失望以外，更有可能因此而迷失了工作的方向。

讲一个故事，告诉他，有些事情需要自己解决。就像“小马过河”一样，松鼠说“河水很深，已经没到了脖子”，大象说“水很浅，才刚刚没到了脚面”，而老马鼓励小马自己下水才知道水的深浅。管理者就是那匹领路的老马，让小马放手去干、去实践。

如果只是简单地给出一个答案，那么你给别人的只是一条鱼；如果你给他讲一个故事，那么你传授给别人的将是钓鱼的方法。

6.做演示

如果你是卖豆浆机的导购员，你当然知道怎样才能把产品卖得更多，方法就是在卖场直接进行产品演示。但是我们是卖地板或者瓷砖的，怎么办？一片、两片的产品当然无法看出整体效果，那么我们就应该把已经装修好的顾客家里的图片放在展厅，然后为顾客讲述一个个温馨的居家故事。

产品对比是一个非常有效的销售办法，我们现在看到的很多减肥产品广告都在使用这个技巧。通过使用某种减肥产品，一个身材臃肿的女人变成了细腰高挑的美女。关于减肥的故事，每个人都有自己的想法，甚至开始猜测这个美女现在身在何方，情况如何？

7. 告诉你的上司，他错了

跟管理者的沟通永远需要技巧，即使你和管理者有很深的感情，但是在很多场合，他仍然需要你的尊重，所以直来直去也不是最好的选择。

作为助理，该怎样提醒他发言时一定要注意时间，时间拖得越久越让人厌烦，就像懒婆娘的裹脚布一样——又臭又长呢？方便的时候，给他讲讲你的儿子参加演讲比赛的过程中，他花了一个月的时间进行了精心准备，可是到了比赛的那天，主办方突然说把时间由原来的 15 分钟压缩到 5 分钟，你那出色的儿子可没想过要埋没自己的才华，他还是讲完了 15 分钟，即使评委只给了 B。你的儿子事后很懊恼，如果早知道当初评委给的是 B，他宁可只讲 3 分钟。事实上，好的演讲只要 3 分钟时间。

8. 不要告诉我该做什么

直接给出指示可能会导致恶意的服从——表面上无条件地顺从，事实却很难认同你的决定。作为销售经理，你会告诉下属“服务精神”比“销售技巧”要重要得多，但是对于那些刚出校门、热爱销售事业的人来说，才不会认同你的观点，他们认为销售就是要讲究策略、讲究方法与人沟通的一门学问。

别着急，这个时候，给他讲一个故事吧，就是“我们是怎样冒着大雨在晚上七八点钟的时候把货送到客户门店，最终赢得了客户的信任”。

9. “说明理由”的故事

已经有一批心理学家做了一个实验，就是当你想告诉人们应该做一件事情，或者不要做某件事情的时候，给出理由比直接提出要求要有效得多。比如去火车站买票，如果你想加塞的话，你就应该告诉别人，“我家中有事，能否让我先买张票”，这样得到允许的可能性要提高很多。

“因为”不是最好的答案，特别是告诉对方不要做某件事情的时候，此时需要的是故事。当你想提醒周围的人“酒后驾车”危害的时候，高晓松的故事一定可以吸引到大家的注意，原因非常简单，这些故事就发生在大家的身边，而且已为众人所知。

优秀销售员的基本素质

做销售行业的基本要求是什么?

销售人员的工作目标，在各个行业都是相似的，这就是向顾客或者客户提供商品或者服务，为这些产品的制造商挣钱。

所不同的是销售人员所卖的产品、销售技巧、他们的收入和职位。

一般来说，全职销售人员的职位名称可以有客户经理、交易员、厂商代表、客户关系代表等。现在优秀销售管理人员在中国外企是特别紧缺的。外资公司对于选择谁，特别是那些敏感的销售领域变得越来越挑剔。他们所需要的销售管理人员要有特定的产品知识，并在相关领域内至少要拥有数年的工作经验，掌握物流采购知识，最重要的还要有团队管理技能，并有足够的业绩证明其销售能力。

建立并保持一个广泛的客户资源库是一个销售最主要的工作职责之一。当然，主动与有潜力的新客户去联系沟通是创建客户数据库的主要途径，但这种工作在某些行业已经不那么重要了。新客户推销已经更多地让位于更有针对性的混合营销方式，比如参加行业展览会，利用市场研究开发出来的客户资源来制定销售策略等。

在许多公司，销售部门与市场部门工作关系密切，这样可以保证某产品可以被送到合适的人手中，而且合适的人了解这些产品的信息。

保持客户群是发展新客户的关键，因为大多数行业的运作基于重复的商业行为。为了让客户满意，传统意义上的客户服务工作已经成为销售工作中的一个重要环节。销售人员要经常处理一些文字工作，为客户解答问题，接受客户的抱怨，处理特别的情况，比如特殊的送货要求或者付款条件等。

优秀的销售人员需要具备多方面的素质，这些素质包括：积极的进取心、坚持不懈的态度、与其他人良好沟通的技巧、给人信任度以及在商谈中营造舒适氛围的能力。不管怎样，在销售中取得成功，最重要的素质是准确的理解力，清楚你的客户需要什么，尤其是他们有什么是最受益的。去了解这些，就需要你做一个好的观察者和倾听者，也就是少说多听。大多数的销售人员，太热衷于去告诉对方什么是他想让你知道的，而不是去了解什么是你想知道的。

当你清楚了你的客户最关心的热点是什么之后，就可以针对他们的需要恰到好处地展开你的销售策略了。在下一次见面时，你也可以先试着花几分钟的时间，轻松地问一些问题，了解一下你的客户，从他们的讲话中，你就可以明白他们需要你告诉他们些什么。

销售员的素质：勤劳第一，热情第二，专业第三。

销售是对人生观和社交能力的考验。好的销售不一定是专业人士，但必然很懂行；不一定学历高，但一定知识丰富。销售与工程师是完全两种性格的人。这往往是企业的误区，特别是国有企业，喜欢聘用高学历的人，而把真正需要的人才排斥在外。

销售人员应该成为他/她所在领域的专家，能够向客户提供关于产品的各种信息和问题解答。当代的销售人员在成为一个很好的说服者的同时，更应该是一个很好的倾听者。这样，就可以根据不同的客户，采用不同的销售策略，满足客户的需求。

作为一个优秀的销售员，应当具备哪些条件呢？

1. 真诚

态度是决定一个人做事能否成功的基本要求。作为一个销售人员，必须抱着一颗真诚的心，诚恳地对待客户、对待同事，只有这样，别人才会尊重你，把你当作朋友。

业务员是企业的形象、企业素质的体现，是连接企业与社会、与消费者、与经销商的枢纽，因此，业务员的态度直接影响着企业的产品销量。

2. 自信心

信心是一种力量，首先，要对自己有信心，每天工作开始的时候，都要鼓励自己。

要能够看到公司和自己产品的优势，并把这些熟记于心。要和对手竞争，就要有自己的优势，就要用一种必胜的信念去面对客户和消费者。

作为销售员，你不仅仅是在销售商品，你也是在销售自己，客户接受了你，才会接受你的商品。

被称为汽车销售大王的吉尼斯世界纪录创造者乔·吉拉德，曾在一年中零售推销汽车1600多部，平均每天将近5部。他去应聘汽车推销员时，老板问他，你推销过汽车吗？他说，没有，但是我推销过日用品，推销过电器，我能够推销它们，说明我能够推销自己，当然也能够推销汽车。

知道没有力量，相信才有力量。乔·吉拉德之所以能够成功，是因为他有一种自信，相信自己可以做到。

3. 做个有心人

“处处留心皆学问”，要养成勤于思考的习惯，要善于总结销售经验。每天都要对自己的工作检讨一遍，看看哪些地方做得好，为什么？做得不好，又为什么？多问自己几个为什么，才能发现工作中的不足，促使自己不断改进工作方法，只有提升能力，才可抓住机会。

机遇对每个人来说都是平等的，只要你是有心人，就一定能成为行业的佼佼者。台湾地区企业家王永庆刚开始经营自己的米店时，就记录客户每次买米的时间，记住客户家里有几口人，这样，他就能算出客户家的米能吃几天，快到吃完时，就再给客户送过去。正是王永庆的这种细心，才使得自己的事业不断地发展壮大。

作为一个销售员，客户的每一点变化，都要去了解，努力把握每一个细节，做个有心人，不断地提高自己，才能开创更精彩的人生。

4. 韧性

销售工作实际是很辛苦的，这就要求业务员要具有吃苦、坚持不懈的韧性。“吃得苦中苦，方为人上人”。销售工作的一半是用脚跑出来的，要不断地去拜访客户，去协调客户，甚至跟踪消费者，提供服务。销售工作绝不是一帆风顺，会遇到很多困难，要有解决问题的耐心，要有百折不挠的精神。

美国明星史泰龙在没有成名前，为了能够演电影，在好莱坞各个电影公司一家一家地去推荐自己，在他碰了1500次壁之后，终于有一家电影公司愿意用他。从此，他走上影坛，靠自己坚韧不拔的韧性，演绎了众多的硬汉形象，成为好莱坞最著名的影星之一。

销售员每天所遇到的问题，难道比史泰龙遇到的困难还大吗?

5. 良好的心理素质

具有良好的心理素质，才能够面对挫折不气馁。不同的客户有不同的社会背景，也有不同的性格、处世方法，销售工作受到打击要能够保持平静的心态，要多分析客户，不断调整自己的心态，改进工作方法，使自己能够去面对一切困难。只有这样，才能够克服困难。同时，也不能因一时的顺利而得意忘形，须知“乐极生悲”，只有这样，才能够胜不骄、败不馁。

6. 交际能力

每一个人都有长处，不一定要求每一个销售员都八面玲珑、能说会道，但一定要多和别人交流，培养自己的交际能力，尽可能地多交朋友，这样就多了机会，要知道，朋友多了路才好走。另外，朋友也是资源，要知道，拥有资源不会成功，善用资源才会成功。

7. 热情

热情是具有感染力的一种情感，能够带动周围的人去关注某些事情。当你很热情地去和客户交流时，你的客户也会“投我以桃，报之以李”。

当你在路上行走时，正好碰到你的客户，你伸出手，很热情地与对方寒暄。也许，他很久没有碰到这么看重他的人了；或许，你的热情就能促成一笔新的交易。

8. 知识面要宽

销售员要和形形色色、各种层次的人打交道，不同的人所关注的话题和内容是不一样的，只有具备广博的知识，才能与对方有共同话题，才能谈得投机。

因此，要涉猎各种书籍，无论天文地理、文学艺术、新闻、体育等，只要有空闲，就要养成不断学习的习惯。

9.责任心

销售员的言行举止都代表着你的公司，如果你没有责任感，你的客户也会向你学样。这不但会影响你的销量，也会影响公司的形象。无疑，这对市场会形成伤害。

有一家三口住进了新房，妻子见丈夫和儿子不太讲究卫生，就在家里写了一条标语：讲究卫生，人人有责。儿子放学回家后，见了标语，拿笔把标语改成“讲究卫生，大人有责”。第二天，丈夫看见了，也拿出笔，把标语改成“讲究卫生，夫人有责”。

这虽然是一个笑话，但说明一个问题：责任是不能推卸的。就像故事里的那一家，怎样才能够让家里变得更卫生呢？首先，要自己讲究卫生，不能推卸责任。

作为一个销售员，你的责任心就是你的信誉，你的责任心，决定着你的业绩。

10.谈判力

其实营销员无时不在谈判，谈判的过程就是一个说服的过程，就是寻找双方最佳利益结合点的过程。在谈判之前，要搞清楚对方的情况，所谓知己知彼，了解对方越多，对自己越有利，掌握主动的机会就越多。孙子曰，知己知彼，百战不殆。谈判力的表现不是你能够滔滔不绝地说话，而是你能够抓住要点，首先满足客户的需求，再满足自己的需求，在双方都有异议时，就看你平时掌握了客户多少信息，你掌握的信息越多，就越有可能更好地运用你的主动权。谈判力的目的是达到双赢，达到互惠互利。

营销员要养成勤于思考、勤于总结的习惯，你每天面对的客户不同，就要用不同的方式去谈判，去和客户达成最满意的交易，这才是你谈判的目的。

前国家足球队主教练米卢说过：心态决定一切！天道酬勤，我相信幸运之门总是对努力的人敞开着，世界上没有卑微的工作，只有卑微的工作态度。

维持长久关系，赢得长期客户

成功的销售，是能维护好与客户的关系，与之建立起长久的良好合作。分析客户流失的原因，结合国内众多顶级销售精英的心得体会，那么维系客户就必须注意：

1. 依赖依靠

让客户形成一种依赖公司的心理习惯，客户提出的任何特殊要求，或者隐性的需求一定认真对待，即售前、售中、售后过程一定要用细节感动客户。

2. 信守原则

一个信守原则的人必然会赢得客户的尊重和信任。只有这样，客户才有理由相信你在销售产品给他时同样遵循了一定的原则，才能放心与你合作和交往。

3. 互惠互利

很多优秀的销售人员都会在销售沟通过程中有意无意地使用一些让步方式让客户满意。销售沟通中的让步策略如果运用得当，那将有利于实现买卖双方的双赢，同时也有利于长期销售目标的实现。

4. 赢得口碑

赢得客户和行业的口碑，你的客户就会在他的同行、朋友中推荐你。销售的最高境界，是让客户主动来找你。如果想在该行业中长期发展或有所作为，请自己留给这个行业一个良好口碑。

5. 跟踪追踪

现在市场上的同类产品很多，竞争很激烈，并不是成了你的客户，你就可以高枕无忧了，客户随时会改变主意，采购其他企业的产品。所以在与客户合作后，你要跟踪产品的货期，在产品交予客户后，更要跟踪产品的销售进度，是不是好用、有没有什么问题需要及时解决，或者是否需要进一步的技术服务等等。

同时，还需要注意以下几种情况：

1. 不为难客户

谈合作、谈项目一定要讲究时机。时机不好，好合作也会泡汤。当客户有为难之处时，一定要体谅别人，不要让客户为难。比如他正有事，他认为那样做会不合适或不能做等，你就要马上停止你的要求，并告诉他不管怎么样，你都非常感谢他。你的善解人意会让他觉得很抱歉甚至内疚，下次一有机会他就不会忘记补偿你。你也不会因此而丧失与这位客户今后可能继续交往的机会。

2. 替客户着想

我们与客户合作一定要追求双赢，特别是要让客户也能漂亮地向上司交差。我们是为公司做事，希望自己做出业绩；别人也是为单位做事，他也希望自己的事情办得漂亮。

因此，我们在合作时就要注意，不要把客户没有用或不要的东西卖给他，也不要让客户花多余的钱，尽量减少客户不必要的开支，客户也会给你回报。

3. 尊重客户

每个人都需要尊重，都需要获得别人的认同。

对于客户给予的合作，我们一定要心怀感激，并对客户表达出你的感谢。而对于客户的失误甚至过错，则要表示出你的宽容，而不是责备，并立即共同研究探讨，找出补救和解决的方案。这样，你的客户会从心底里感激你。

4. 信守原则

一个信守原则的人最会赢得客户的尊重和信任。

满足一种需要并不是无条件的，而必须是在坚持一定原则下的满足。只有这样，客户才有理由相信，你在推荐产品给他时同样遵循了一定的原则，他们才能放心与你合作和交往。

比如，适当地增加某些服务和培训是可以接受的，但损害公司、客户甚至别人利益的要求绝不能答应。因为当你在客户面前可以损害公司或别人的利益时，他会担心他的利益也正在受到威胁。

5. 多做些销售之外的事情

比如，我有客户要找教委的某领导，却找不到好的机会。如果我认识这位领导又有机会，我就会为他引荐。比如他们需要某些资料又得不到时，我就会帮他搞到。甚至，他们生活中碰到的一些困难，只要我知道又能做到时，我就一定会帮助他们。这样，我与客户就不再是合作的关系了，更多的就是朋友关系了。这样，一旦有什么机会时，他们一定会先想到我。

6. 让朋友推荐你

如果前面的要诀都掌握并运用自如的话，你就会赢得客户和朋友的口碑，你的朋友就会在多数也是他同行的朋友中推荐你。那么你的生意就有如原子弹爆炸，会迅速在业界扩张起来。你就达到了做生意的最高境界，让客户来主动找你。

7. 不要忽视让每笔生意来个漂亮的收尾

所有的工作都做完了，你与客户的合作告一段落，是不是就终结了呢？也许这是大部分业务员处理的方式，但事实证明这是一个巨大的错误。事实上，这次生意结束的时候正是创造下一次生意的最好时机。千万别忘了送给客户一些合适的小礼品，如果生意效益确实不错，最好还能给客户一点意外的实惠。让每笔生意有个漂亮的收尾带给你的效益不亚于你重新开发一个新的客户。理由如下：

如果你前面的工作尚欠火候，还不能从合作关系提升到朋友关系，这个时候这样做就能很好地实现这个目标。如果前面的合作可能有些不如意，这更是个很好的补救方案。因为大部分的人都认为既然合作完了，那么我们与客户的关系也自然结束了，所以客户对这种不求回报的最后感谢，他们马上就会把你从合作关系提升到朋友关系上来。那么下次他们再有需求时肯定会再来找你的。

调查研究，心中有客户——沟通的准备

心中要有客户，首先要进行沟通的细致充分的准备活动。要研究客户，了解客户，一是要摸清客户的状况，针对其企业的形象、品

牌、行销等方面进行初步的摸底。同时还要了解客户的竞争对手情况，以一个第三者的客观立场来看客户的产品和市场、广告促销活动等，客户往往对这些问题更感兴趣，如果看到了他们看不到，或看到了却忽略的问题，他们马上会感到你确实是在诚心诚意帮助他们的企业，这样一旦和客户联络上，客户容易和你一拍即合。

相反，对客户的现状、竞争对手、以往的广告促销活动一无所知，和客户面对面坐下来半天说不出个所以然，客户会感觉到你及你所代表的公司对他们的企业不会有太大的帮助，甚至还不如自己，那下面的合作洽谈就很难进行了。

所以，心中有客户、心中有底才能一拍即合，沟通的准备，市场调查研究很重要，摸清企业的真实想法很关键。我们公司非常强调的一点“业务人员的策划意识，策划人员的业务意识”，其实就是提倡研究客户，“策划人员的业务意识”就是了解市场的人还要心中有客户，“业务人员的策划意识”就是熟悉客户的人要了解市场。

业务人员不是拉广告，而是在研究客户的基础上指出问题，让他感觉你是他那一行的内行，或者对这一行很熟，对这个企业的状况很了解，他才有兴趣和你坐下来谈，否则会让“广告人不得入内”的牌子碰你的鼻子。策划人员平时掌握了很多信息，对市场和产品很了解，如何把这些资讯变成效益，就是要将掌握的信息与具体的产品和企业相联系，指向具体企业和产品，这就是业务意识。

海尔坚信，服务的好处不仅仅在于眼前的收益，而在于赢得用户长期的信任感。而要赢得长期的信任感，就必须做到“零距离”服务。所谓“零距离”，其本质是心与心的零距离。

1995年3月，青岛一位姓王的老太太买了一台海尔空调后，打了一辆出租车回家，在上楼找人帮忙搬运的时候，黑心的出租车司机将空调拉跑了。这则消息被《青岛晚报》刊登后，在社会上产生极大的反响，人们纷纷指责不义的出租车司机。但张瑞敏从这则消息中看到用户买的是海尔空调，头脑中首先浮出的想法是要对海尔的用户负责。于是他马上让空调事业部负责人免费赠送给王老太一台空调，并上门安装。

对着墙上新安装的海尔空调，王老太说："是海尔救了我一条命！当初那司机拐走我的空调后，我怎么也想不开，一天没吃饭，到海边寻思着，偏让我遇上了这件事，真没法活了！后来女儿说，海尔又送来了空调，我当时不信，以为是女儿哄我宽心，没想到是真的。我做梦也没想到——不该拿的偏要拿，不该送的还偏送——这世界，人的品质相差太远了！"

当大多数人还在为王老太可惜、憎恨小偷的时候，海尔人却从中看出了背后隐藏的问题。从这个小事例，海尔发现了服务的盲区，并据此对售后服务进行了完善。在老人得到海尔赠送的空调的同时，海尔也为自己改进服务进行研究。

"零距离""无搬动"的"海尔星级服务"成为海尔赢得用户的又一法宝，大大提升了海尔品牌的美誉度。一条新闻改变了海尔的服务，一台空调体现了海尔与用户之间的"零距离"。

想客户所想，急客户所急——沟通的关键

想客户所想就是真正站在客户的立场上想一想。一般情况下，省钱、效益就是客户所想，你先不要考虑自己能得到多少利益，先想一想如何为客户省钱，如何为客户赚钱。

有一家梧州的电池厂家，专业生产铅酸蓄电池，1993年，在企业已非常困难的情况下找到了某广告公司。该广告公司利用协办首届金鸡百花电影节的机会，为其在桂林开了一个新闻发布会，因为此时传媒界的人大部分都聚集在桂林，这正是一个宣传的大好机

会。企业当初只是抱着试一试的心理，结果一个发布会，花了很少的钱就把“天鹅电池”放飞了。会后该企业立即与广告公司一次签订了3年的总体广告策划协议。先为客户省钱，才有机会赚钱，这并不矛盾。

广告公司在随后的策划中想到一个很妙的创意，即把“天鹅电池”广告做在司机怀中揣着的“安全学习卡”上。电池只有司机才用，广告费花在司机身上才算有效，对一般大众花再多钱也是白费，因为他们用不上。而学习卡，每个司机必带，每个月必看，这种广告才是最有效的，而广告的成本单价才几分钱，这么低的广告费用，广告公司如何能挣钱呢？其实他们并不靠代理挣钱，他们的广告有效又省钱，企业通过广告发达了，都愿意支付给他们大笔的策划费用。和客户的合作能做到这一步，你还奢望什么？

北京移动全球通“被叫全免计划”的推出，虽然实现了不含套餐的完全单向收费，但是资费水平没有降低，消费者并没有享受到降低资费的实惠。因为要享受这个“没有限制”的单向收费，打不打电话都要付月租50元，拨打电话每分钟0.4元，一个月费用估计至少也得100元，并不比99元包月的“畅听99”更划算。北京的消费者说：“我们盼望的是打多少收多少、同网同价、实实在在的单向收费，而不是附加各种条件、包含在各类套餐里的所谓接听免费。”

北京移动和广大消费者玩了一个文字游戏，此“单向收费”与消费者想象中的“单向收费”大相径庭，这样反而更容易引起消费者的不满和反感。

企业在开展优惠促销活动中，应遵循重承诺、重服务的原则，这也是对广大消费者的一种尊重，也只有这样，企业才能与客户维持长期的合作关系，获得真正的忠诚客户。

销售咨询小法宝——18 句销售箴言

◇推销成功的同时，要使客户成为你的朋友。

◇任何准客户都有其一攻就垮的弱点。

◇对于积极奋斗的人而言，天下没有不可能的事。

◇越是难缠的准客户，他的购买力也就越强。

◇当你找不到路的时候，为什么不去开辟一条新路？

◇应该使准客户感到认识你是非常荣幸的事。

◇要不断去认识新朋友，这是成功的基石。

◇说话时，语气要和缓，但态度一定要坚决。

◇对推销员而言，善于听比善于辩更重要。

◇成功者不但怀抱希望，而且拥有明确的目标。

◇只有不断寻找机会的人，才会及时把握机会。

◇不要躲避你所厌恶的人。

◇忘掉失败，不过要牢记从失败中得到的教训。

◇过分谨慎不能成大业。

◇世事多变化，准客户的情况也是一样。

◇推销的成败，与事前准备的功夫成正比。

◇光明的未来都是从现在开始的。

◇失败其实就是迈向成功所应缴的学费。